國民黨不提起的那些事，
如何改變了中（華民）國的命運？

被埋葬的中國共產黨史

中国共産党葬られた歴史

旅日中國近代史研究作家
中國共產黨創始人之一譚平山後代
譚璐美——著
潘承瑤——譯

大是文化

目錄

以前的人辦報，不是為了八卦／先有黨組織，才有共產黨／
不打發時間、不接受政黨支援／陳炯明招攬陳獨秀／
共產黨前身：「廣東共產主義小組」誕生／
夜校教育工人，也教階級鬥爭

第二章

歷史矛盾：誰才是中共創黨元老？

中國共產黨第一任書記——陳獨秀／
中國共產黨綱領？最高機密／
譚平山、譚天度到底是不是中共「創始人」？／
還沒創黨就已是共產黨人／還不是黨員，就開始訓練黨員？／
為何周恩來是創黨元老，譚天度不是？／
共產黨、國民黨，曾是同一黨／
辛亥革命造就譚平山，毛澤東還旁邊站／
國民黨裡的共產黨團書記／
中山艦事件，蔣介石從此大權在握

第五章

搞丟一個夢覺，還你一個陳新

推薦序
官方正史多寫神話，外史更能一窺真相

建國中學退休歷史老師／周志宇

「政府為團結抗日，允其（中共）所請，將陝北之殘共編為國民革命軍第八路軍（旋改稱第十八集團軍），潛伏江南之殘共，編為新編第四軍（簡稱新四軍）。共軍改編後，初計三萬人，表面服從政府，暗中擴張勢力。羽毛既豐，故態復萌，竊據地盤，襲擊國軍。民國二十九年十月，軍事委員會命令新四軍調往江北，不惟不理，反而襲擊國軍……。」

這是舊版國立編譯館所編《高級中學歷史教科書》第三冊中的描述。

「中日戰爭以一九三七年七月的『盧溝橋事變』為開端全面爆發，日軍以勢如破竹的態勢進攻；相對的，國民政府軍的最高司令官蔣介石，卻只把共產黨軍送往前線，把國民黨軍部署在後方，努力保存勢力。儘管如此，懼於日軍猛烈攻勢的國民黨軍卻喪失士氣，不斷出現戰前逃脫者，因此，日軍十分輕鬆的掌握了廣大的區域。」

這是本書第一九一頁的描述。

內容看起來是完全相反的兩段文字，而海峽兩岸的華人，各自被迫相信其中之一。大家心中多半知道這些記載並非真相——至少不是全部的真相，現代中國關於國共之間的歷史，猶如迷濛濃霧中的景象，只有一些模糊的輪廓，似乎誰也說不清楚。

其實，**不只中國國民黨不談這些事，其中的許多部分，中國共產黨也不談。**

嚴格說來，本書不是一本書寫嚴謹的歷史著作，也並未解決很多問題，但是它很好看。好看的地方在於：在充滿了迷霧的歷史氛圍下，海峽兩岸的著作都充滿了意識形態，即使沒有刻意扭曲，卻也不至於誠實書寫。

因此，每當有什麼「揭祕」、「真相」、「祕辛」，或者是大人物的書信、日記、傳記出版時，往往大受歡迎，而且，更**令人覺得諷刺的地方在於，人們通常認為**

這些出版品的內容，比官方正史更可信。

本書便具有這樣的特質。

譚平山和譚天度在臺灣的知名度極低，只有極少數研究現代史的學者，曾經在某些討論中國共產黨或國共衝突的著作中，看過這兩個名字，不過恐怕沒有人會認為他們有什麼特殊的歷史地位。這當然是受到傳統歷史著作觀念的影響所致，人們通常會相信，一個先知式的英雄，才是歷史發展的關鍵，他們的睿智與決心帶領人們走出災難、迎向光明——英明的蔣總統與偉大的毛主席，就曾在海峽兩岸長期扮演這個角色。當然，在偉大先知的領導下，會有一群忠誠的追隨者，於是就形成了大家熟悉的**「歷史神話體系」**，而這種神話，**正是我們的正統歷史教科書中的基本架構**，不只在中國如此，在其他國家或文化中，同樣如此。

揭露歷史真相的，往往是小事件

然而，**真正推動歷史發展的，是無數的小人物及小事件**，而這些「揭祕」、

「真相」、「祕辛」之類的著作，所揭露的也正是這些小事件。當然其中有些想要推翻舊權威而另建新權威，例如近年來在中國出現關於周恩來、劉少奇等人的重新評價，甚至直接動搖了偉大毛主席的歷史地位。但藉著這些小小的事件，歷史的輪廓漸漸變得清晰，我們也比以往更可能看到一些歷史的真相。

譚平山和譚天度所代表的，是中國現代史上一個壯闊無比的救國運動，面對長期積弱的中國，面對清末以來從來未曾減削的苦難與恥辱，在各地都有這種知識青年奮起救國圖存，他們組織社團、發動宣傳、訓練演講員、介紹新思潮、聯絡有共同理想的同志共同努力。他們彼此的理念雖然未必相同，手段亦各異其趣，但目標則是一致的。

作者以宛如懸疑小說般的筆調，描述一群共產主義的信仰者，如何在面對國民黨掌握大權、全面捕殺的情況下，努力爭取生存的空間，如何利用國內外的局勢發展自己的勢力，如何在對抗國民黨的同時，還得遭受來自蘇聯的干涉。

當然，譚平山與譚天度在其中所扮演的角色無疑被刻意的強調，不過，本書的寫作目的正是在補充（或是糾正）原本歷史寫作對他們的不公。連帶的，由於周恩來對譚平山的一貫肯定態度，對照毛澤東的冷漠（作者甚至暗示毛可能曾做出對不起譚天度的行為），書中始終對周保持高度的肯定與推崇，對毛則負面得多。而書中談到譚天度那段離奇的婚姻及結果時，那種淡淡的無奈與哀傷，可能是本書最具詩意的一段文字。

作者終究沒有能夠讓那段模糊的歷史變得清晰，甚至其本人的史觀，明顯具有中國與日本觀點的雙重性，但藉著描述兩個具有一定影響力的人物，我們可以更貼近的看到某些真相。

撇開國民黨與共產黨宿命般的對立性觀點，我不禁想到民國六十四年（一九七五年）念高中的時候，衡陽路騎樓下那個私下販賣禁書的老頭。那是一個熾熱的午後，讀夜間部的我習慣性的在上學途中繞經那個攤子，看看有沒有「好看的」書。

老頭那天一如既往的對我眨眨眼，四下看了看，確保沒有危險後，從一疊雜誌底下拿出一本書——是香港出版的吧，我記得。綠色的封面，到現在我都還記得當時心中的疑惑與震撼。書名是《周佛海日記》，封面上印著一行大字：「其實，他們也想救中國。」

作者序
聖賢皆寂寞，勝者留其名

中國共產黨不是一塊石頭，自成立的一九二一年開始，已經超過了一百年。這段漫長歲月是動盪的年代，活躍於舞臺上的明星也激烈的改換了。更替的理由有二：戰死，跟自家人的審判。未戰死、也沒受到自己人公審而倖存下來，最後逐步掌握權力的人，方能留下英雄美名。

換句話說，現代的中國共產黨就是所謂的「勝利組」，就像一棵扎根於「過去」的大樹上綻放的花朵一樣。我們因為眼裡只看到盛開的花，就逐漸忘記地底深處擴散的樹根，但根部卻至今仍切切實實的生長著，若非如此，這樹木早就乾枯了。

有人說中國是個無法理解的國家，因為中國的見解一直遵循著過去的方針和主張，和日本或者世界的常識大相逕庭，朝著旁人無法預想的方向前進。然而，這只不過是歷史的洪流中必然的結果罷了。看不清這點，一定是因為隱藏的史實太多，因而漏失了其中的一些線索。

中國共產黨究竟是怎麼誕生的？粗略來看，要說是源自孫中山、蘇聯（當時）與日本也無不可。孫中山是個革命家，同時也是連日本也十分熟悉的中國人，他仰賴日本跟其他各國的金援，發動了辛亥革命，最後打倒清廷、建立國民政府。

當時的日本，是亞洲諸國中最早完成近代化的國家；優秀的中國人因此十分嚮往日本，並為了學習西歐的近代化而前往日本。中國共產黨在草創初期學習到的社會主義思想，幾乎都是透過日本習得。現代的日本人似乎並沒有對當時的日本給予太高的評價、也不表示關心。我不知道這究竟是出於謙虛的民族性？還是戰敗的挫折感讓他們自信全失？然而，即便是現在，也有不少中國人對當時的日本賦予高度評價。

孫中山創立的國民政府，在他死後曾建立一段屬於中華民國的時代。雖然沒多久就被共產黨取而代之，但孫中山卻對蘇聯提倡的社會主義理想起了共鳴，不但積極的接受支援，也與共產黨合作。

孫中山的根據地，也就是廣東這個地方，傳統上以「革命發源地」廣為人知，也有許多革命家來自這裡，包括**創設廣東共產黨的譚平山。有段時間，譚平山位居充

滿魅力的共產黨領導地位，而備受推崇，簡直就是偶像一般，但他卻突然從舞臺上消失了。這段從活躍到消失的經過，至今在研究者之間，仍然是個「極大的謎團」。

本書的目的之一，就是為了解開這個「極大的謎團」。

這裡有個活生生的證人，正確說來，應該是在一九九九年以一百零六歲高齡辭世，我的叔公「譚天度」這號人物。本書雖是仰賴他的記憶，開始陳述這段故事，但主角應該說是時代本身才對。這是我從廣東這個中國的小小一隅，透過個人觀點，重新審視過的歷史繪卷，與眾所周知的中國「正史」迥異，換句話說，要是將本書當成中國共產黨被埋葬的「外史」，也無妨。

我的父親名喚譚錚。一九二五年，時值十六歲的他進入廣東省廣州市的高等學校廣雅中學就讀，沒多久就加入中國共產黨的青少年組織，也就是社會主義青年團，擔任書記（編按：在社會主義政黨中，書記是指主持日常事務的領導人）一職。隔年一九二六年，第一次「國共合作」時，**社會主義青年團也跟共產黨一起加入了國民黨**。

一九二七年春天，我的父親以十八歲的年紀，被任命為廣東的共產黨組織祕書之後，除了於廣東區委員會的事務所進行相關活動，也跟譚平山、陳延年、惲（音同

「運」）代英等這些廣東共產黨的領導們私交甚篤。關於長輩譚平山，父親印象最深刻的，就是他常對著桌子寫東西的身影，以及偶爾交臂、閉眼沉思的模樣。對我提起這些事的父親，在二〇〇一年四月六日以九十一歲高齡過世，如今已是令人懷念的回憶了。

我在蒐集資料的當時，不光獲得京都大學名譽教授狹間直樹先生（日本的中國現代史權威）、京都大學教授石川禎浩先生及江田憲治先生、神戶大學教授緒形康先生等人諸多協助，甚至長時間仔細的給予指導，我對此深感謝意。

本書的出版，也受到文藝春秋社文春新書編輯部的宇田川真先生當時的全面支持，同樣致上感謝之意。

高明三譚（譚平山、譚植棠、譚天度）關係圖

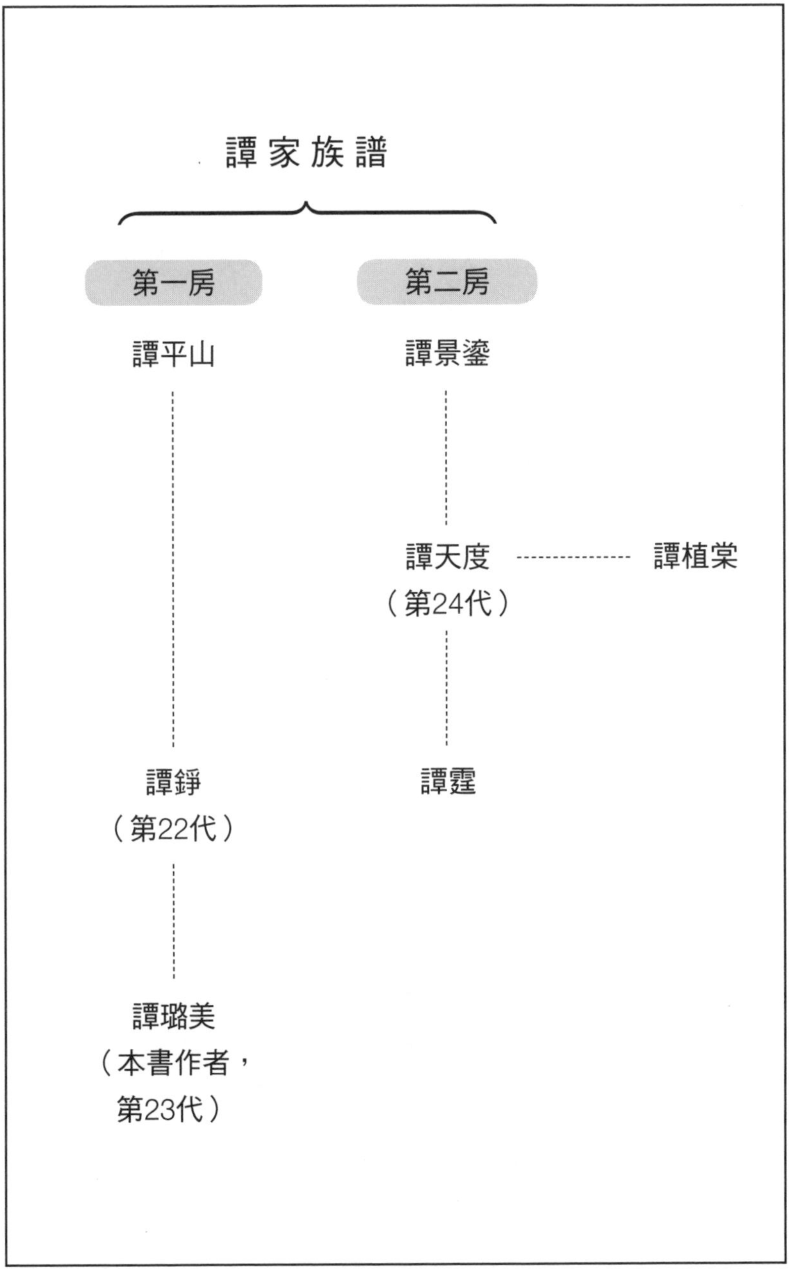

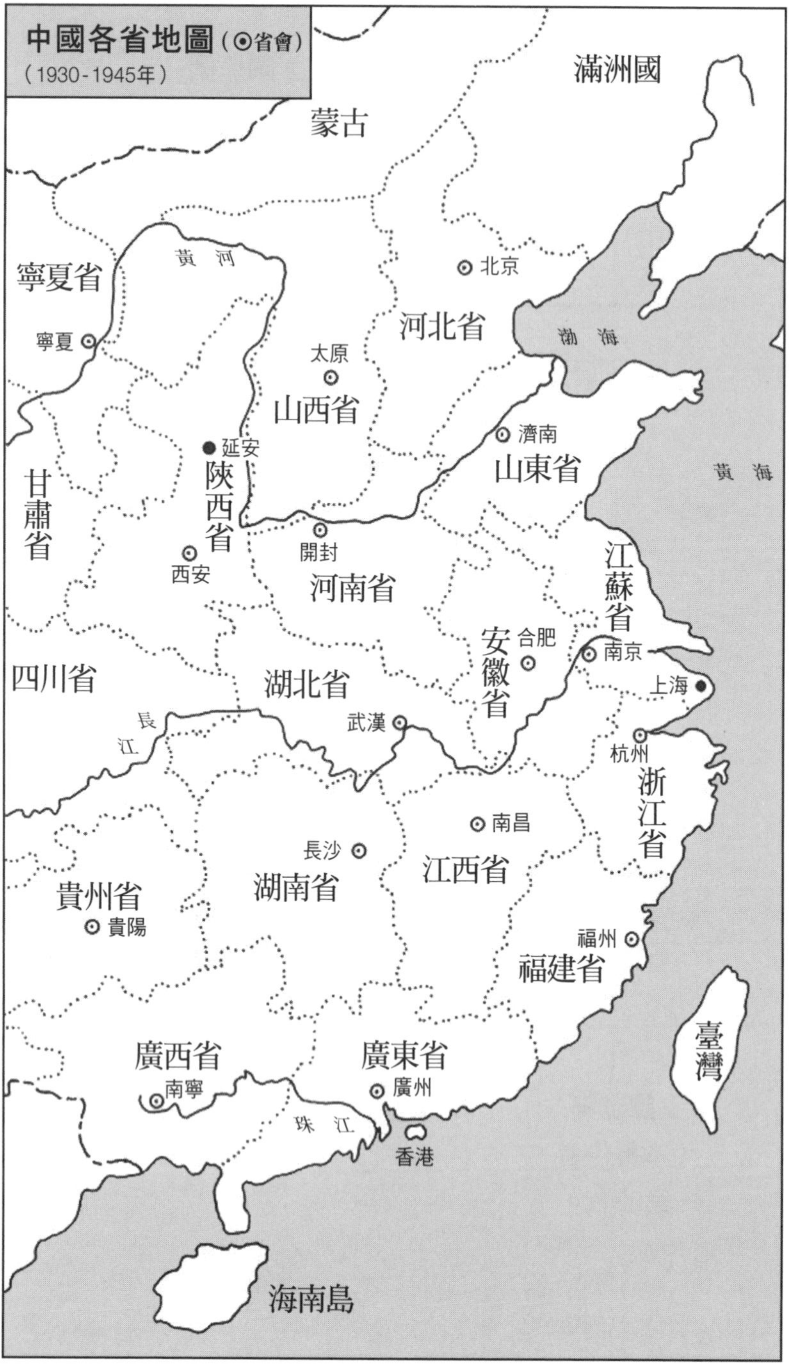
中國各省地圖(⊙省會)
(1930-1945年)
滿洲國
蒙古
寧夏省
寧夏
黃河
北京
河北省
渤海
太原
山西省
延安
陝西省
甘肅省
濟南
山東省
黃海
開封
西安
河南省
江蘇省
安徽省
合肥
南京
上海
四川省
湖北省
武漢
長江
杭州
浙江省
南昌
長沙
江西省
湖南省
貴州省
貴陽
福州
福建省
臺灣
廣西省
廣東省
南寧
廣州
珠江
香港
海南島

序章

廣東派的共產黨，怎麼變成毛澤東的？

許久以前，中國共產黨構思了一個以香港為中心，內容異想天開但圖謀遠大的「計畫」。這個計畫經由詳細的擬定與周全的準備，暗中實行了幾十年。

香港過去曾是英國支配的土地。

自從清廷「租借」香港以後，在鴉片戰爭（編按：也稱為「英法聯軍之役」）中獲勝的英國，便以香港為殖民地，統治長達一百五十餘年。其間，在鄰近的中國大陸上，也歷經了滿清政府、中華民國政府、中華人民共和國等三個政權的移轉。

香港最終在一九九七年回歸中國。這也是自一九四九年，中國共產黨所領導的中華人民共和國誕生後四十八年所發生的事。不過事實上，在英國長期統治之下的香港，其實一直都是中國共產黨廣東派的「領地」。

這是因為廣東人的個性比較積極，想法也較為現實，他們懂得在不安的時局中掌握政治情勢，在順風的時候乘風而行，逆風的時候就低頭迴避風浪，同時還徹徹底底活用了「香港」這個地方的特質。

對中國來說，「香港回歸」如同達成一樁「跨世紀的心願」。一九九七年六月三十日歸還前夕，我在香港準備迎接歷史性的回歸儀式到來，然而一個偶然的契機，讓我了解到（對日抗戰時）**某些「檯面下的人」曾花費很大的心力，默默將「香港回歸」變成現實**。

這些「檯面下的人」是廣東派的革新分子。他們以香港為中心，在檯面下從事的非公開行動，簡直可以說是變幻自如，令我十分著迷。同時，曾經徹底**深埋在歷史洪流中的中國共產黨廣東派的命運**，以及其背後隱藏的內幕，我也將藉由本書公開。

我會清楚呈現中國共產黨廣東派光榮與挫折並存的歷史，**以及中國共產黨一直以來不為人知的其他面貌**。

一切的開端，是離香港回歸很久以前，父親和我在一九八〇年十月一起回老家時所發生的事。對我來說，這趟旅程是我首次和中國親戚碰面；但對父親來說，卻是已睽違四十年之久。

明明只是一段離香港三十分鐘飛航的距離，但一飛越邊界之後，高樓大廈就消失得無影無蹤，眼下綿延著的只有灌木叢生的丘陵。沒多久，當飛機越過光禿禿的山丘後，旋即急遽下降。當時的廣東白雲機場破爛不堪，陳舊地面的水泥裂縫中，可以看到雜草叢生。

當我們從搖晃的登機梯上走下來時，四周漾著潮溼溫暖的空氣。幾棵樹木林立的那一端，有一間搭建中的兩層樓建築。當旅客們一走出飛機，迎接的人群也自建築物的側邊大門走了出來。隨著距離越來越近、近到可以看見彼此的表情時，我清楚看見其中一人手持一張紙牌，上頭寫著「熱烈歡迎譚氏宗親」。

對方是個陌生的青年，臉上卻掛著親切的笑容。當父親高高舉起右手，那位青年也高高舉起紙牌，向我們走來。

「歡迎回鄉。是譚錚先生吧。妳是譚先生的女兒璐美嗎？我是譚天度的兒子，我叫譚霆。」青年介紹了自己，並引領我們，走向一輛停在機場大門空地上的白色豐田（Toyota）汽車。另外有位男子在旁等著我們，他說他是譚天度的祕書，也親切的對我們說些歡迎話語。原來這位青年是司機，他俐落的把行李放進後車廂，接著為我打開後座的門。

車子無聲的前進。車內設備相當完善，空調立刻就發揮功效。

車子的車牌是「粵O　○○○○」（編按：中國的車牌號碼第一個字是漢字，代表該車戶口所在省的簡稱，如廣東省簡稱粵；第二個字是英文字母，代表該車所在地的城市代碼，規則是英文字母A是省會，B是該省第二大城，C是該省第三大城市，依此類推。而英文O開頭則是公安及政府專用座車），據說這是公安警察所擁有的幹部專用車，在廣東省僅有百輛左右。掛有這種車牌的車輛，可以**無視所有的交通規則前進**，無論是紅綠燈、單行道或是禁止停車的區域；而且，即便發生死傷事故，好像開張罰單就可以了事；甚至聽說如果遇到緊急狀況，只要把儀表板上的組裝式紅色警示燈裝在車頂上，就可以在路上高速奔馳。

只不過，現在駕駛並沒有打開紅色警示燈，而是遵守交通規則，老老實實的在廣州市內的街道上，朝位於市中心的東方賓館駛去。

「絕不洩漏車上的談話內容，請放心」

我的父親譚錚是廣東人，他在一九二七年離開廣東，那年才十八歲。

當時，蔣介石率領的國民黨右派政權發動大規模的軍事政變，曾發動虐殺大批共產黨員事件，一般稱作「四一二事件」，國民黨則稱作「清黨」（編按：指一九二七年四月十二日，中國國民黨在蔣介石的率領下，拘捕及處決中國共產黨黨員及工會領袖）。當時身為共產黨員的父親也遭到通緝，最後在共產黨廣東區委員會的安排之下，很不容易才逃到日本。

父親後來進入日本早稻田大學就讀，四年後才回到中國。不過因為聯絡不上陷入崩潰狀態的共產黨組織，所以又回到日本。戰後，父親和日本女性結婚，接著就生下我。而在廣東的親戚，雖然在戰時和戰後還持續通信，但是從一九六六年文化大革命開始以後就斷了音訊，文革十年結束後才重新又聯繫上。

透過數次的書信往返才得知，父親過去熟識的親戚，不是在革命中犧牲，就是在文化大革命中遭到整肅而死，唯一倖存的只有一位八十七歲的叔父譚天度。既然如此，父親便下定決心，要趁著高齡的叔父身體還硬朗的時候見他一面，也因此實現了戰後首次的返鄉。當時，父親的年紀也將近七十歲了。

「已經過了五十年了？還真是久啊……。」父親一踏上廣東的土地就感傷了起來，一邊嘆氣，一邊喃喃自語。

隔天早上十點鐘，祕書準時來到我們下榻的旅館房間。

「我來接你們了。元老已久候多時，請動身吧，我來為你們帶路。」

「元老」這個詞，多像是舊時代的稱呼啊！簡直就像暗地裡掌握權力的狡獪政治家。

一輛白色豐田汽車橫停在旅館的玄關前，一個身形高大的男子坐在副駕駛座，他一臉嚴肅的向我們打過招呼後，就立刻撇開視線。而駕駛是昨天到機場迎接我們的娃娃臉年輕人。和高大的男子不同，他親切的向我們道早安。

「駕駛是土生土長、精挑細選的共產黨幹部。絕對不會洩漏車上的談話內容，請儘管放心。」

雖然我們根本沒有問，祕書依舊做了以下說明。

「以下說明今天的行程。早上十點到十二點與元老會面；下午稍作休息後，六點開始，我們準備了元老主辦的晚宴，會場是在廣東省政府特別晚宴廳，我會在五點五十分來接你們。」

只不過是和親戚見個面，竟然如此盛大隆重。這麼一來，不就像是政治家的例行公事了嗎？

當車子一開動，坐在副駕駛座的冷酷男子就專注直視前方，同時左手緩緩的捧著自動手槍，「喀」的一聲打開手槍保險。

我慌張的問祕書：「到底發生什麼事了？」

「他是元老身邊的隨扈。平常都在元老身旁擔任維安人員。今天要是元老最重要的親戚發生什麼差池，那可就糟了，所以特別安排他同行。請不必在意。」

話雖如此，但怎麼可能不讓人在意呢？車子在擁擠的城鎮中低速前進，隔著窗子從外面一看，自動手槍看得一清二楚。行人都用好奇的目光往車內窺視。再加上把手槍帶到狹窄的汽車裡，要是走火的話那該怎麼辦？父親一派輕鬆的享受著窗外的景色，我卻縮著身子，緊緊靠著椅背端坐著。

國父發動革命，自己沒開過一槍

我們穿過重重堵塞的車陣，經過了廣東電視臺、廣東電視中心、市政大廈的前方，接著在一座高架橋下左轉，之後沒多久，左手邊就可以遠眺「黃花崗七十二烈士墓」。「黃花崗七十二烈士墓」是祭祀孫中山為了推翻滿清，所發起的其中一場革命「黃花崗之役」中犧牲的烈士們。黃花崗之役是一九一一年，由中國同盟會的成員，於廣東省廣州市發起的武裝起義，但最後以失敗告終，共造成八十六人犧牲（有一說是百餘人），但事後只有七十二人得以收回遺體，因此便以七十二烈士的形式祭祀。而在這七十二人中，居住海外的華僑竟多達二十七人，這也說明了孫中山與海外華僑之間的聯繫之深。

話雖如此，孫中山本人卻沒有參加黃花崗之役，只是在遙遠的海洋另一端下命令指揮。

中國的革命歷經一次又一次的失敗後，於長江中游地區的武昌所發起的第十一次武裝起義，終於成功，此後革命的機運急轉直上，一下子就擴展到全中國各地。當時中國的二十四個省中，就有十五個省宣布獨立，對此滿清政府完全無能為力。這次的革命就是「辛亥革命」，孫中山在革命成功之後，便回到中國，建立了共和制的「中華民國臨時政府」。

孫中山似乎是個不輕言放棄的男人。他掀起政治運動、發動起義，每逢失敗後便流亡海外，在夏威夷和日本等地四處奔走。他經常借住華僑的家中，受一餐一宿之恩；而且常在政治集會中慷慨陳詞，募集革命資金，而再度回到中國後也依舊鍥而不捨的繼續革命。也是在這段時期，世人給了他**「孫大砲」這個外號，意思是「說大話的孫中山」，因為孫中山本身並未親自參與，卻可以發動起義**，想必他一定十分擅長鼓動他人、讓他人對自己傾心。

黃花崗七十二烈士墓的周遭土地後來經過修整，目前是一座占地面積十六萬平方公尺的公園，也是廣東省的重要史蹟。當我坐車經過的時候，公園的入口裝飾著許多五顏六色的紙帶，沿路並排著許多小販，有賣紀念品的攤販、放著一把洋傘替人拍照的小攤子、賣花的小販等。觀光客來來往往，人聲鼎沸。

二老敘舊，十五個外人作陪

車子又往前行駛了五分鐘左右，突然慢下速度，往左方繞了一個大彎，開進了一條小丘陵上的小徑，最後車子慢慢開進一道張著鐵絲網的大門。

一位手持自動手槍的人民解放軍士兵站在大門旁。在稍微隱密的地方有個哨所，我瞥見一個小牌子，上面寫著「老幹部休養所」，這裡大概就是高級幹部的療養設施吧。當車子開上一個緩坡之後，便停在一個靠近丘陵頂部的建築物前方。

駕駛和祕書迅速的下車，打開了後車廂。

隨扈則是手持自動手槍走出車外，一臉緊張的環視四周。附近連個人影都沒有，一切都安靜了下來。遮蔽了秋天清爽日照的大片樹蔭下，擱著一輛幼兒的三輪車。隨扈醞釀出的緊張感，在這片平和的日常景色中，顯得十分不協調。

灰色水泥公寓冰冷單調的並排著，以一位被人稱作元老的人而言，這裡應該算是相當簡樸的環境了。

「啊，就是這裡，請！」祕書催促我們走進其中一個入口，接著便爬上一段又陡又窄的樓梯，我們一直走到最上層的四樓。

在四樓的一扇木門前面，一位滿臉笑容的中年男子出來迎接我們。

「很歡迎各位。我姓張，目前擔任元老的祕書。請進，元老久候多時了。」

年輕的女傭也從裡面跑了出來，她迅速的低下頭，站在前方替我們帶路。

「究竟有多少祕書啊？剛剛帶我們到這兒來的那位先生，也說是祕書。」

「喔，他的主要職務是照料元老身邊的一切事務，我則是負責公務的部分。」

我們一邊並肩走著，張先生一邊用俐落的口吻向我們解釋。

據我事後詢問的內容得知，除了公務祕書以外，國家還會編配兩名生活祕書及三位女傭。

張先生一邊快步走著，一邊微笑著說：「今天難得迎接貴賓，想必可以聽到一些有趣的事，所以我也讓新聞記者一同入席了。」

「我們現在正在進行口述中國共產黨歷史的工作，而元老是當前所有共產黨員中最德高望重的一位，因此元老的**一言一詞都應該視為最珍貴的證詞**，一五一十的記錄下來。」

總覺得這話聽起來真是既誇張又脫離現實。但是，想到待會要見的，是歷經大時代洪流、經過千錘百鍊的共產黨元老，不免讓人開始緊張起來。

公寓內部比想像中寬敞，因為隔絕了外界的雜沓響聲，空氣中飄著一股寂靜，甚至感到微涼。室內的地板鋪了磁磚，或許是為了避免副熱帶地區常有的悶熱。順著走廊直走，就可以通往位在左手邊底部的接待廳。

接待廳裡已經有將近十個人正等著我們，我們一走進去，所有人便同時站了起來，其中有三個人上前和我們握手，有兩位是來自廣東省政府的官員，另一位據說是元老的生活祕書，其他的人則是報社記者和攝影師，也恭敬的向我們點頭致意。

這是一間窗明几淨的房間，大概有四十平方公尺（十二坪）大。地板和走廊一樣鋪著地磚，耀眼的陽光從面南的窗戶照了進來。三面白牆壁前各放了一張黑色的皮製沙發，各自附著邊桌。沙發旁的紫檀臺上放著盆栽，葉子長得十分茂密。靠近窗戶的地方有個大魚缸，幾條色彩鮮豔的熱帶魚搖搖擺擺的在魚缸中游著。窗外有個小陽臺，整齊排列著幾盆精心整理的盆栽，或許是老人家的愛好。

「啊，元老來了。」話還沒說完，生活祕書就趕忙起身，朝著接待廳的門口小跑步過去，握著一個被女傭攙扶著的老人的手。

一位身高約一百六十公分左右的清瘦老人，緩緩現身在眾人面前。

老人停下腳步，輕輕舉起右手，和在場的所有人打招呼。他身穿一件馬球衫，外面套著一件灰色的薄背心，下半身穿著深灰色的長褲。站姿挺立，帶著一股身經百戰的勇士氣魄。他就是我的叔公，譚天度。

叔公的頭髮雖已全白，但依舊豐厚；臉色也是紅潤又明亮，白色的長眉垂在兩旁的眼尾，一雙細長的雙眼充滿生命力。鼻梁高挺、薄薄的嘴唇緊閉成一條細線。想必叔公年輕的時候，一定是個美男子。

父親趨前伸出雙手，興奮的說：「叔父，看到你這麼有精神，真是太好了。」

「啊，是阿錚嗎？你也終於平安回來了啊！」元老一邊意有所指的緩緩說著，一邊伸出右手交到父親的雙手之中。

譚錚，是父親的中國名字。由於「錚」字的意思是敲鐘發出聲響，在革命時代就是所謂的「鬥爭名」，是由大哥輩的親戚替他取的。叫喚的時候在名字上加個「阿」，是廣東對於男性的稱呼法，帶有類似「小錚」等較親密的意涵。雖然彼此都上了年紀，不過脫口而出的還是年輕時的稱呼方式。

叔公一瞇起眼睛，眼尾的皺紋不僅更深了，連眉毛也往上揚。表情看起來像在發怒，但臉上確實還掛著笑容。

「是啊，叔父也平安無事……能再和叔父見上一面，我真的很高興。」

我稱他叔公，他稱我堂姑

相機的閃光燈不斷閃著，報社記者們為了不想遺漏雙方任何一句談話，都探出了身子。

魚缸靠近窗邊，叔公就坐在那一側的沙發上。那似乎是他平常慣坐的位子。在場的人等叔公坐定後，也跟著就坐。

彼此簡單打過招呼之後，父親拿出了他在日本橫濱高島屋買好的紀念品，是一件毛巾質料的淺綠色長袍。

接著，叔公突然不高興了起來，很不客氣的對我們說：「我不需要什麼紀念品。回鄉來讓我看看你們，這樣就夠了。明明只是個小毛頭還這麼神氣！」

然後他就滿臉通紅的生起氣來，把頭撇了過去。

真不知該怎麼辦才好。父親也一臉不知所措，像個「小毛頭」一樣縮著身子、滿臉通紅，報社記者和攝影師也目瞪口呆，停下手邊的工作。

「這樣好了，先交給我保管。」公務祕書張先生雖然出來解圍，不過叔公依舊不改態度，臉色一點也沒有轉好。

沒多久，叔公突然說了一句奇怪的話：「對了，阿錚你是哪一房的啊？」

所謂的「房」，是區分中國家族世系的一種方式。第一房就是指直系，由長男繼承；而長男的其他弟弟，就再劃分成旁系，成為第二房、第三房等，數字一直不斷累加。

父親回答：「我是第一房，過去一直住在濠基村的城外。叔父過去的確是一直住在城內，沒錯吧？」

「沒錯，我家是第二房，就世代來說，是第二十四代。」

「我是第二十二代。」

聽到父親的話，叔公便「嗯嗯」的低吟著，之後又看了我一眼。父親和叔公互相面對面，臉上浮現複雜的表情。

我小聲的問父親：「怎麼了，發生什麼事了嗎？」

兩人的交談不知從何時開始，**從標準廣州話，變成出身地高明縣的鄉下廣東方言**。在日本出生的我，是學北京話長大的，雖然多少可以聽懂一點在香港學到的廣東話，但如果是高明縣的鄉下方言，我就完全聽不懂了。

「不好意思，可以請兩位用標準廣東話交談嗎？」一位報社記者怯生生的提出要求。在廣州長大的他們，也聽不懂高明縣的方言。

「啊，是這樣啊。我們現在在聊關於世系的話題，剛剛才明白阿錚是第二十二代，而我是第二十四代。」叔公重新用廣州話說了一次。

這樣一來，大家就了解談話的內容了，不過卻還不了解話中的意思。叔公突然提出的尋根話題，在此時此刻又包含著什麼樣的意義呢？

父親用日語回答我：「唉啊，這可真傷腦筋了。因為叔父的輩分，剛好比我低兩輩。所以狀況變成他必須尊稱我『伯公』；而妳是我的女兒，他應該稱呼妳『堂姑』才對。」

換句話說，目前的狀況是這樣的：根據譚家的族譜，父親是屬於直系的第一房，而叔公的家系則是屬於旁系的第二房。

一般來說，旁系的輩分規定比直系低一代左右。如果真要論起輩分關係，父親是第二十二代，所以我是第二十三代。因為叔公是第二十四代，所以父親算是叔公的祖父輩，而我算是叔公的父母輩。

因此，以稱謂來嚴謹表現上下關係的中文裡，叔公就要稱我的父親為「叔公」，也必須尊稱我為「堂姑」。

不過，要一個人人尊稱為「元老」的八十七歲資深共產黨員，叫二十來歲的我為「堂姑」，這實在是件脫離現實又古怪的事吧。

這時在座的人全都屏氣凝神，一邊心想事情不知會如何演變，一邊關注發生的經過，但一直緊皺眉頭、一臉嚴肅的叔公突然露出笑容，接著就大聲笑了起來。

「唉，我們就把家系族譜拋在一旁吧。我們就是為了要打破這些老掉牙的舊習，才發起革命的啊！」

眾人聽到這句話，臉上露出如釋重負的表情，異口同聲的說：「對！元老說得是。」接著父親環視在場的人，娓娓道出故鄉的樣貌。

先有共產主義小組，才有共產黨

「家鄉高明縣是個四周由城牆包圍的城鎮，濠基村就在城牆外。叔父譚天度過去一直和親戚譚植棠住在城內，另一位長輩譚平山的家和我家則在濠基村。不過，由於距離很近，所以每天都相互來往。」

「不論是**譚平山或譚植棠，兩位都是廣東中國共產黨的創始者**。各位應該都記得很清楚吧？」報社記者立刻提出疑問。

「父親曾告訴過我，譚平山和我是『第一房』，譚植棠和譚天度是『第二房』。」父親說。

譚氏一族的本家原本位在濠基村，不過隨著族人繁衍，人口增加，便漸漸往生活較便利的城內遷移。

「我曾經為了參加中學考試來到廣州，受到當時住在廣州的譚平山家照顧。考上廣雅中學以後，我加入了當時還是祕密組織的共產黨，也擔任共產黨光東區委員會的祕書，我們每天都一起行動。而今，譚平山和譚植棠都已不在人世，實在令人感到萬分遺憾。如果他們還健在的話，不知會創下多少了不起的功績啊！像那樣聰明又勇敢的人，如今已不復存……。」父親以憂傷的語調娓娓道來。

報社記者們都靜靜的側耳傾聽，頻頻點頭。即便他們的年紀差不多都在三十幾歲，還是有許多事是首次聽聞。

「沒錯。他們兩位是一九二〇年自北京大學畢業，之後回到廣東，並在廣東創立『共產主義小組』。我當時也被叫去一起幫忙。雖然大家都犧牲睡眠的時間來工作，不過當時大家都很年輕，也都充滿自信、滿懷希望……。」叔公的目光似乎眺望著遠方，同時低聲的喃喃自語。

微閉的雙眼四周深深的刻畫著數條橫紋，緊閉的嘴角浮現出一抹微笑……。

從這次拜訪之後，父親和我往後幾乎每隔兩年就回到故鄉，拜訪叔公。

聽著叔公和父親興致一來彷彿不吐不快、脫口而出的回憶往事，其中的趣味，簡直就如同有導遊相伴，一同鑑賞中國近代史的「史蹟巡禮」。

香港回歸，宛若歷史長軸

一九九七年五月下旬，我因為工作的關係從日本去了香港，也趁此機會順道去了一趟廣東，這是我第一次單獨拜訪叔公。

「香港馬上就要回歸了，多令人開心啊！」叔公比平常更開心，也更健談。「雖然長久以來，香港一直落在英國的手中，不過這麼一來我們就可以洗清『恥辱』了。回歸以後，我一定要再去香港看看。」

大概說了將近一個鐘頭吧，叔父接著說出一件令人驚駭的事實——一個與他過去從事的所謂「香港工作」息息相關的事件，內容十分具有衝擊性。**中國共產黨在許久以前，曾經構思一個以香港為中心、內容十分異想天開但圖謀遠大的「計畫」，而且這個計畫確實存在，經由詳細的擬定與周全的準備，暗中付諸實行**——花了漫長的時間，堅忍刻苦但確實的進行著。

如果以一九九七年為起點回顧的話，這項計畫恰如一根「軸」，連結在「香港回歸」這件歷史事件。這根軸，就像用尺在白紙上迅速的畫線一樣，從這項計畫開始，就毫不遲疑的朝向無垠時間盡頭滾動，彷彿背後有一股片刻都不容疏忽的貫徹「意志」。

事件的「起因」如今只是一個如夢似幻的遙遠記憶，卻一脈相承延續至今，就如同一部宏大的小說。

然而，又是誰催生出這部宏大的小說呢？

就是那位被中國人視為「慈愛之人」而廣受愛戴、受世界讚譽為一代「名相」的周恩來；而我的叔公譚天度只是這部宏大小說當中，其中一名忠誠的執行者。

在實現香港回歸的一九九七年當下，叔公譚天度已屆一百零四歲高齡了。他也是當時全中國五千八百多萬的中國共產黨員中，最德高望重的資深幹部。

譚天度的故事，要從一九二〇年夏天，那個熱得令人受不了的廣東開始談起。

第一章

五四運動，陳獨秀與廣東共產黨

人們都說廣東人的性格是「敢想、敢說、敢做」。意思是廣東人的性格富進取性，想到什麼就說什麼，付諸行動毫不猶豫的個性。

像這樣的性格，很適合搞革命。

一九二〇年的夏天，三個年輕人剛從北京大學畢業，意氣風發的回到故鄉廣東。其中，最年長的是三十三歲的譚平山（原名鳴謙，別號聘三）。他個子瘦小又有張娃娃臉，卻有著豪邁的性格。

廣東當時只有兩間高等教育機構，譚平山一開始是在其一的廣東高等師範學堂（當時的稱呼）就讀。不過，在學時期他因為崇拜孫中山，便加入革命勢力的大本營——中國同盟會，也參加過辛亥革命。後來，譚平山雖然成為廣東省議員，但又下定決心到北京大學學習哲學。

從辛亥革命到五四運動

高明縣的廣東方言，鄉音原本就很重，即便是在廣東省省會廣州，也經常出現溝通障礙，所以譚平山到了用北京話溝通的北京，話就說得更不清楚了。自然而然的，在北京大學求學的日子裡，譚平山的話明顯少了許多。話雖如此，他本來就不是口拙的人，必要的時候他還是可以口若懸河，而他滔滔不絕的說話技巧，總讓聽眾深深著迷。

和譚平山一起回鄉的另一位年輕人是譚植棠，當年二十七歲，為人沉穩，從未讓人見過他發怒的表情。他個性認真又默默處事，也是一個注重人和、體貼溫柔的人。因為和譚平山是叔姪關係，不知不覺便開始擔任起譚平山的祕書。在廣東高等師範學堂就學的時候，之所以受譚平山所邀，一同成為北京大學的學生，大概也是因為這層關係。（編按：譚平山、譚植棠、譚天度，被中共黨史稱為「高明三譚」。）

另一個年輕人是陳公博。除了擅長社交又具行動力之外，特別的是他長得很英俊，所以有不少女學生喜歡他。不知是否因為個性與譚平山完全相反，儘管兩人年齡差了六歲，卻是再要好不過的朋友。

在北京大學的時候，陳公博一看到蓄著鬍子、擺出老成樣子的譚平山，就會揶揄他為「聘老」。當時，袁世凱所培養的「三傑」——段祺瑞、馮國璋以及王士珍等三位軍閥都在北京，而且並稱「段虎、馮狗、王龍」。三人都是優越的豪傑，在當地以「北洋三傑」的名號受到人們的敬畏；而人們更把王士珍的字「聘卿」中的「聘」

字取出，稱其為「聘老」。因為譚平山的號中也有個「聘」字，所以能言善道的陳公博便藉著這個軍閥揶揄譚平山。

而譚平山也還以顏色，替陳公博取了個「猛野」的小名。在廣東話中，「猛野」有「壞小孩、猛野」的意思。（編按：陳公博的父親曾任廣西提督，陳公博是中國共產黨一九二一年創始人之一、第一屆全代會代表，一九二五年又加入國民黨，後跟隨汪兆銘投日，抗日戰爭勝利後被國民黨政府以漢奸罪名處死。）

陳公博也如同這個小名一樣，從孩提時候就喜歡惡作劇。不過，自從他的父親在他中學時過世後，他就改頭換面，變得更認真。他進入另一間在廣東省與廣東高等師範學堂齊名的高等教育機構——廣東法政專門學校就讀，為了賺取學費，他還成了報社的特派記者。畢業時，他對於思想和哲學方面的興趣高於法律，因此便重新進入北京大學哲學系就讀，並認識了譚平山。

這就是為什麼他們會一起在當年的春天自北京大學畢業、回到廣東的原因。

他們之所以如此意氣風發，不單是因為從名門大學畢業，而是因為他們曾經投入了於在學時期十分風行的「五四運動」，胸中吸滿了「新時代」的氣息。

北大、五四、陳獨秀

負責種下「新時代」種子的人，則是北京大學的文科主任教授陳獨秀。

當時的北大校長是積極推動近代科學的蔡元培，而在他麾下的陳獨秀，則提出要引進新的思想觀念，如推廣白話文與批判儒家，並發行了《新青年》雜誌。而當時正在美國哥倫比亞大學留學的胡適、作家魯迅也與他有所共鳴。胡適從紐約投稿了一篇〈文學改良芻議〉；而魯迅則是實驗性的以白話文創作〈狂人日記〉，並於一九一八年發表在《新青年》上，掀起了龐大的旋風。

學生們則是迅速接受，並狂熱支持這一連串稱作「新文化運動」的新思想和新觀念。這股旋風不僅席捲北京，沒多久就擴散到上海、廣東等大都會的青年族群。

緊接著，就在辛亥革命的八年之後，學生們便順著新文化運動的風潮，於一九一九年五月四日的北京發起了「五四運動」。

辛亥革命看見初步的成功，是在一九一一年。其後沒多久，孫中山便把中華民國臨時政府的據點設在南京，並以讓清朝完全覆亡為條件，將大總統職位讓給北洋軍閥首領袁世凱，以圖讓南北得以統一。但袁世凱就任大總統之後，便策劃發動帝政，意圖成為皇帝，孫中山的計畫也宣告失敗。全國反袁之聲高漲，各地軍閥群雄割據，中國即將進入一個動盪不安的時代。

五四與「二十一條要求」

另一方面，來自法國、英國、德國等列強的壓力有增無減。列強並不打算將得自滿清政府的權力和利益釋出，如分割大餅一般在中國各地形成租界地，還嘲笑因腐敗和貪汙而積弱不振的中國為「沉睡的獅子」。

此後事態更加嚴重。當一九一四年第一次世界大戰爆發，列強將焦點移往歐洲時，較晚進入中國的日本，便趁隙侵入山東的德國租界地青島，並將其占領。

一九一五年，日本強硬的對北洋軍閥袁世凱提出「二十一條要求」，強迫袁要把過去以來對德國所確保的一切權益，全部讓渡給日本。五月七日，日本對袁世凱發出最後通牒；兩天後，五月九日，袁世凱不情不願答應了日本的要求。此一事件被稱為五九國恥，引發國人極大憤慨。一九一八年第一次世界大戰結束，一九一九年的巴黎和會中，列強同意日本承繼德國在中國山東租界地的權利，而北洋政府傾向接受。消息傳回中國後，群眾憤怒的情緒被激化，於是來自北京市十三所大學、共計三千多名學生便聚集起來，發起示威遊行，要求撤回合約。

學生們朝向外國使館林立的東交民巷遊行，之後隊伍漫步穿過長安街，到了天安門廣場以後，便靜坐在許多政府要員居住的新華門前。學生也因此與軍方發生推擠，一部分抗議的學生還湧進負責簽訂條約的交通部長曹汝霖自宅，並且放火焚燒。警方趕到現場一共逮捕了三十二人，譚平山也是其中一員。

陳公博在一九四六年（他被處死的那一年）所寫的《我與共產黨》中，曾描述當時的狀況：

「當天，其實我沒有打算參加（遊行隊伍），而是室友說『要去新華門請願』。當時因為我正擔任《廣東四報》的特派記者，為了採訪新聞，便跟著遊行隊伍走到新華門。當時帶領遊行隊伍的人，是和我一起上法文課的許德行。他嘶吼著指揮示威隊伍，眾人排成一長列走向新華門前請願。五月的北京已經很熱，太陽從頭頂晒著，汗流浹背。新華門依舊緊閉，學生們都感到很疲勞，想要解散了。我心想好不容易來了，就看到最後吧，於是就暫時跟著遊行隊伍。許德行告訴大家不要回家，還勸大家如果當局不聽請願，就要靜坐。

我當時想，為什麼要請願？不是應該直接展現我們的實力嗎？如果我們沒有實力，就應該趕快解散，重新檢討作戰計畫，為什麼要靜坐呢？算了，還是回去吧。因此，我離開示威隊伍後，就走到南池子大街攔了一輛黃包車，回宿舍去讀書了。一到下午，宿舍裡就十分吵鬧。打聽之下，聽說示威隊伍衝進曹汝霖和章宗祥（時任司法總長）的家搗亂，引發了很大的騷動。學生們都因為出乎意料之外的事態演變，而惶恐不安。不過，我那時猜想示威應該不會演變成什麼重大事件，便繼續採訪新聞。」

但是，事態卻不斷擴大，遠超出陳公博的猜想。翌日，憤怒的學生突然發動罷課，並且向全國各地發出電報，希望大家支持北京的學生運動；緊接著，各地的大學便立刻響應北京，展開行動。

廣東專出革命家

即便是與北京相隔千里的廣東，也立刻組織數個學生團體，支援北京的學生運動，發動示威遊行隊伍前往廣東軍政府。

控制廣東的桂系軍閥廣東督軍莫榮新，看輕了學生們發起的五四運動，認為這場運動不過就是小孩玩火罷了；但運動別說式微，整個氣勢反而日漸高漲，於是便急忙動員警力出面鎮壓。沒想到反而更加激化這場運動，不僅工廠勞工發動罷工，日本產品的商店，也頻頻遭到襲擊。

一九二〇年的春天，示威運動的氣勢更加高漲，慶祝五一勞動節的勞工們，加入了正在準備「五四運動」週年紀念活動的學生團體，甚至還和參加「國恥紀念日」

示威遊行的市民會合，市區內連續好幾天都籠罩在騷動不安的氣氛當中。

所謂的「國恥紀念日」，是為了要謹記日本突然針對「二十一條要求」發出最後通牒的五月七日，以及北洋政府承諾簽訂條約的五月九日，並以「勿忘國恥，喚起中華民族自覺」為目的而訂定的紀念日。

廣東的運動之所以如此容易高漲，除了廣東人天生的性格，也一定和人們常說的廣東是「革命的發源地」的傳統風土民情有關。

在中國，人們都說廣東人的性格是「敢想、敢說、敢做」。意思就是廣東人的性格富進取性，想到什麼就說什麼、付諸行動毫不猶豫。說好聽一點是擁有強烈正義感的熱血漢子；說難聽一點就是個性毛躁、直來直往，但也算得上是抱著吃虧的覺悟，但依舊堅守信義的「仁義」之人。

像這樣的性格，大概很適合當革命家。從清代到近代國家的轉變期裡，出現的許多人物都是廣東人，如洪秀全、康有為、梁啟超等人。而掀起辛亥革命、奠定近代中國基礎的孫中山，以及比社會主義運動早先一步、在中國推廣無政府主義思想的領導者劉師復，也是廣東人。若是與日本相比，也許可以說廣東人的氣質，大概近似於幕末時代催生出許多志士的「薩摩隼人」（編按：日本文化中，隼人是指「剽悍尚武的武士」。在古代，薩摩地區的男子以武藝出眾著稱，不少人擔任王宮的守衛，因此自稱「薩摩隼人」。到了近代，這些「薩摩隼人」也為推翻江戶幕府政權作出了巨大貢獻）吧。

五四運動，才不是白話文運動

廣東省起初就是一片具開放性的土地。在地理上來說，廣東位於中國的最南端，屬於副熱帶地區，是一塊東西狹長的區域，由貫穿北側的山脈地形與平地部分的珠江三角洲所構成。全區朝向南海緩緩傾斜，海岸線長，綿延達四千三百公里，形成天然的良港。境內的珠江匯集了山脈的泉水，流量是中國第二大，僅次於長江，長年下來孕育出肥沃又廣闊的珠江三角洲。

古時人們也常說「食在廣州」。

這句話說明了廣東料理的可口美味。但這也是因為廣東料理充分運用了孕育自肥沃土壤的豐富農作物與新鮮的海產，並活用了食材本身的特殊風味。

廣東在古代是少數民族所居住的偏僻土地，人稱「嶺南地區」；但在西元前二二一年秦始皇統一中國之後，便設置郡縣，將現在的大部分廣西省與廣東省西部定為桂林郡；大部分的廣東省定為南海郡；而廣西省南部與海南島則定為象郡。當時的南海郡首府番禺，則發展為今天的廣州。據說當時被派往嶺南地區戍守的中原漢人，達五十萬人之多，可說是中國歷史上首次的民族大遷徙。

西元前二〇九年，秦朝覆滅，中國全境爆發戰亂，當時南海郡的首長趙佗便統一嶺南地區，建立「南越」，並自稱武王。其後，武王歸順了勢力龐大的漢朝，成為統一國家的一個地區，名為「粵」國。現在中國之所以把廣東省稱為「粵」，就是這個緣故。

廣東受惠於良港，自漢代就開始進行海上貿易；到了魏晉南北朝時期，商人已經遠達印度、波斯等亞洲各國，販賣特產的陶器與絲綢，其中也有些人定居在抵達的各國港口，成為華僑的起源。到了唐代，貿易更加發達，廣東甚至以世界數一數二的國際貿易港聞名於世，最後建構成中國南部政治經濟的一大中心（編按：唐代在廣州設立市舶司，負責收取關稅及招商）。

擁有這層歷史背景的廣東，有不少出身海外的華僑和留學生，因為與海外頻繁往來，而將機會與新資訊帶進廣東。

一九一九年「五四運動」發生時，廣東的出版已經十分興盛，有《中華新報》、《粵報》、《羊城報》、《國民報》、《大同報》、《嶺南報》等十家以上的報紙相互競爭，在北京和上海十分受歡迎的《新青年》和《每週評論》等雜誌也四處都有販售。出版品的水準與立場雖各有不同，但都在談論巴黎和會和俄羅斯十月革命等國際政治議題、宣揚「民主共和思想」，刊載「國內外問題」的分析文章。

當年二十七歲的譚天度，一聽到五四運動的新聞，便十分著急。他立刻寫信給人在北京大學的叔叔譚平山，希望他可以透露詳細的情況。沒想到回信立刻就到了，譚平山在信中，記述了北京大學數個政治小組的活躍以及出版刊物的情況。

譚天度把譚平山的信和暢銷雜誌《新青年》，帶到他工作的私立坤維高等女中，一有機會就讀給女學生們聽，也率先加入聲援北京的示威遊行。他事後曾說：

「當五四運動的潮流席捲全國，我看見黑暗中射進一道耀眼陽光。」

這或許是因為，譚天度所度過的少年時代，正好和那段滿清王朝宛如滾下陡坡般逐漸沒落的沉重時代，相互重疊的緣故。

譚天度是一八九三年，即光緒十九年四月生於廣東省高明縣。他幼名貞元，字夏聲。譚天度這個名字是之後在一九三七年八月，從南京監獄釋放出來以後所取的名字（詳見第四章）。

譚天度的父親名叫譚景鎏（音同「流」），在清朝是通過科舉考試的秀才，並經營私塾；後來擔任廣州市高地街主考官的副手，被派往福建省福州府，負責科舉評分，如同現在所說的單身赴任。

譚天度留在廣東的母親梁瑤似乎是個好強的人，對教育也很積極。十八歲時嫁給譚景鎏，生了四個小孩，但前面三個女兒都夭折了，只留下一個兒子譚天度，所以對他寄予很高的期望。

譚天度三歲的時候，甲午戰爭爆發，戰敗的清廷接受了《馬關條約》。沒多久，光緒皇帝就採納康有為、梁啟超、譚嗣同等人的意見，實施維新變法；不過卻因為慈禧太后的政變，百日就遭到挫敗。接著在一八九九年，北京爆發義和團事件，八國聯軍便藉機占領了北京；之後各國政府逼迫清廷簽訂《辛丑條約》，獲得了種種利益與權利。中國自此淪為列強的半殖民地。

坤維高中，培育奇女子

就在這一年，譚天度的父親譚景鎏以三十六歲的壯年，因肺病病逝於福州。當時他的母親只有二十九歲，而譚天度年僅七歲。母子倆的生活艱苦，雖然譚天度的祖父是個小地主，母子倆也曾接受他的資助，但五年後祖父也跟著辭世，使得兩人的生活更加困頓。儘管如此，堅毅的母親還是省吃儉用，送他去念私塾。

一九〇五年，清廷廢除科舉制度，改採學校教育制度後，譚天度在母親的建議下進入小學就讀，畢業後則是進入廣東唯一一間廣東高等師範學堂附屬高中，接著進入新制的廣東高等師範學堂專科就讀。

▲年輕時的譚天度。
（作者提供）

在這段期間，他們母子的生活更加貧困，經常有一餐沒一餐，也被債務壓得喘不過氣來。如果可能的話，譚天度其實是想進入四年制的正規大學，學習數理、英文、文學、歷史；但為了能夠儘早就業，所以選擇可以拿到教師執照的二年制專科，主修美術。

等待已久的畢業終於來臨。畢業後沒多久，他就在廣東高等師範學堂附屬高中擔任教師。每月的月薪大約五、六十元，就當時來說，這可是一筆不小的金額，因此除了可支應母子兩人的生活，還努力存錢，三年就還清了所有的債務。

譚天度二十八歲、調任到私立坤維高等女中時，已十分熟悉教師的工作。譚天度的濃眉與細長的雙目帶著清秀感，緊閉的嘴脣給人嚴肅的感覺，而他的個性也沉穩、認真。因此赴任沒多久，就很受女學生歡迎，甚至還私下為他成立後援會。

而在北京接受「五四運動」洗禮的譚平山一行人，也在這個時候回到了廣東。

以前的人辦報，不是為了八卦

被陳公博暱稱為「聘老」的譚平山一回到廣東，就把姪兒譚天度喚來。因為譚植棠和譚天度一樣，族譜上都屬於第二房，所以兩人從以前就很親近。而善於交際的「猛野」陳公博，雖是首次見到譚天度，卻立刻就和他熟了起來。譚平山則是因為有了一個能用家鄉話溝通的對象，所以心情似乎也跟著變好。

「貞元（也就是譚天度），如今的北京可是充滿了新時代的氣息。大學裡充滿生氣，學生臉上也都帶著朝氣十足的表情。『五四運動』聲勢十分浩大，我站在示威遊行隊伍前頭，雖然被憲警單位逮捕，不過這真是可遇不可求的經驗啊。」

「你被他們逮捕以後，有沒有遭到拷問啊？」譚天度一臉擔心的問。

「沒有。不過，他們做了紀錄，問我

▲廣東派的中心人物譚平山。（作者提供）

名字、大學校名還有年級等，幾天後就把我放了，而且大學裡還大張旗鼓的迎接我，根本就像大英雄。我也因為這樣，成了了不起的前科犯。」譚平山像個大人物一樣，豪爽的笑著說。

「總之，」他一臉認真的接著說，「從今以後就是我們的時代了。新時代的序幕，必須我們自己親手揭開。貞元，你也來幫我們吧。」

「當然啦。這麼一來，我做什麼事好呢？」

「問題就在這裡。在北京大學，我響應陳獨秀教授，成立了一個名為『新潮社』的政治社團，也出版了《政衡》雜誌。所以接下來，為了在廣東推廣新思想，我打算發行屬於我們的報紙。」

四人意氣相投，立刻就下定決心著手發行報紙的計畫。

首先，他們把報名定為《廣東群報》，預估所需資金大約為三千元。當時廣東的新任大學教授，薪資大約一百五十元，可見這筆金額有多麼龐大。然而，若是向軍閥、大企業或大商家募資贊助，最後就會淪為「御用新聞」。唯有這一點是絕對不可以妥協的。為了成為獨立的媒體，他們決定採用股份制，主要招募對象是認識的學生和朋友。

不過，等到實際進行之後，募集自股東的資金還不到預期的一半，所以他們只好各自把自己的存款都拿出來……。

先有黨組織，才有共產黨

六十多年後，譚天度依舊清楚記得當時的事。

經過十年文革的混亂時期、進入一九八〇年代以後，社會好不容易恢復平靜，中國政府才終於注意到歷史編撰的重要性，開始針對資深幹部進行口述歷史的訪談。

譚天度也接受過好幾次訪談，提供了許多具有歷史價值的證詞，內容都以官方紀錄的形式，保留在《中國共產黨史》中。

父親和我首次拜訪叔公時，遇見的那位公務祕書，他的工作就是一邊照顧譚天度的起居、一邊負責口述歷史的訪談任務。

如今，我的手邊就有一本薄薄的《譚天度詩文集》。

這也是一本證詞集，雖然叔公的兒子譚霆說他手邊只有這一本，不過還是硬被我借來看。

書本製作得還真粗糙，薄薄的封面已經褪色泛黃，上面只有用楷體寫著《譚天度詩文集》，沒有其他的設計。

從筆跡來看，很明顯是譚天度自己題的字。字體十分端正，字跡稍向右上傾斜，是一筆一畫、規規矩矩的運筆寫成。下方很慎重的標上：「中國廣東省委黨史研究委員會　中共高明縣委黨史辦公室　編」。

雖然沒有標註出版年月日，但序文中題有一九八八年五月二十九日的日期，或許是同一年出版的。

打開書頁，裡頭有編撰者的序文與譚天度的自序；書本內容大致可以分為三大類，包括回憶錄、論著，以及譚天度自己創作的八十四首詩。

翻開回憶錄一看，裡面的篇名有：

「南粵風雲三十年……廣東黨支部的建立」

「回想廣東省的五四運動」

「緬懷往事……《廣東群報》的創刊與廣東黨組織的誕生」

每一篇都是關於中國共產黨最初在廣東省發展的事。

雖然有一些內容重複，但是在「緬懷往事……《廣東群報》的創刊與廣東黨組織的誕生」一文中這麼寫著：

「《廣東群報》是為了宣傳新文化思想與馬克思主義，以及推動革命而創設的報紙，卻與廣東首次設立共產黨組織時的活動息息相關……將位於廣州市內第七甫（「甫」在廣東話指「街」或「路」）一百號的一棟建築物二樓，作為報紙的發行據點。發行人是譚平山、譚植棠、陳公博等三人。我負責版面設計與開發訂戶等工作。譚平山等人還寫信給陳獨秀，請他指導我們……。」

不打發時間、不接受政黨支援

《廣東群報》的創刊號在一九二〇年十月發行，四開大小的報紙兩張，共四頁，一共印刷了一千份左右。報紙發行的主旨，有以下兩點：

一、並非打發時間的政治討論，而是推展新文化思想的據點。

二、不接受任何政黨的支援，保有獨立精神。

這份創刊號的最大賣點，就是刊載了時代的寵兒——陳獨秀的論文〈敬告廣州青年書〉。

譚平山以自己原本的名字「譚鳴謙」作為筆名，發表〈對於文化普及之私見〉一文。陳公博和譚植棠則分別寫了〈群報的新生命〉與〈怎樣能夠發展人類的群性？〉兩篇文章，此外還刊載了數人的投稿文章。

譚天度也寫了一篇文章，名為〈廣東新文化事業之前途〉。

譚天度一直記得很清楚，該文是這麼結尾的：

「長夜漫漫夢已甜，雄雞一聲天下白。吾道不孤，豪傑之士，當有聞風興起者，則廣東之新文化事業，正如旭日初升，其前途固有無量之希望也。」

譚天度曾說，回首往事，總覺得這篇文章有些詞不達意，文筆似乎過於剛猛，但卻完整傳達了當時的熱情，與投入革命的氣魄。

這份報紙現在保存在廣東省的資料館，我在二〇〇〇年看到的，是京都大學人文科學研究所所收藏的實物大小拷貝。《廣東群報》一發行，便立刻成為大學生之間廣為流傳的話題，不過似乎也被軍閥與大資本家視為眼中釘。

創刊沒多久，陳公博就寫了一篇〈我們的報紙不是日本的宣傳報紙〉的申辯文章。似乎是因為有人謠傳，《廣東群報》背後有日本企業贊助，而陳公博拚命否認這一點。

在當時，有些日本企業和經手日本商品的本地大商家依舊持續營業，後來激烈的反日情結在當時仍尚未萌芽，反日的氣氛並不算濃厚。

而根據地移往上海的《新青年》，也刊載了擁護《廣東群報》的論述。

「這份報紙是中國南部新文化運動的總樞紐，介紹世界勞動消息的總機關，是在廣州資本制度下奮鬥的一個孤獨子，是廣東十年來惡濁空氣裡的一線曙光。」

陳炯明招攬陳獨秀

一九二〇年十二月，廣東的政治情勢急遽變化。

廣東的軍閥陳炯明，以支援福建軍閥的名目進攻福建，取得勝利後於十一月返回廣州，擊敗了先前趁隙將廣東納入手中的桂系軍閥莫榮新，重新在廣東執政。

陳炯明是孫中山當時唯一可以倚靠的軍隊，所以當廣州之戰取得勝利後，孫中山便立刻從上海回到廣州，沒多久就重新建立軍政府，就任大總統，重建中華民國

（編按：這段歷史，國民政府稱為反對北洋政府的「護法運動」）。陳炯明以首功者的身分，兼任廣東省長、內務政部長、陸軍部總長以及粵軍總司令等職務，掌握了國民政府最大的權力。

陳炯明招攬以「進步的文化人」身分一躍成名的陳獨秀，讓他擔任廣東省教育委員會的委員長，以賣弄自己的進步。

陳獨秀不愧是陳獨秀，他認為可以前往之前沒機會造訪的偏遠地區，讓新文化運動在廣東得以普及，於是便抓住這個機會，答應了陳炯明的要求。

他與北京的年輕運動家李大釗（音同「招」）和張國燾（音同「道」）商量，把上海的新文化運動，託付給李漢俊與李達兩人（編按：皆是中國共產黨官方承認的創始人）。

在廣東的譚平山等人，知道陳獨秀即將要到廣東赴任，十分開心。他們認為將可以替《廣東群報》的發行注入力量，帶來生氣。

共產黨前身：「廣東共產主義小組」誕生

一九二〇年十二月，陳獨秀來到廣州，在南關迴龍里九區巷裡的一間三層建築，借了一間二樓的房間。從房間的窗戶，可以看見綿延北郊外的白雲山。陳獨秀很喜歡，便將樓房取名為「看雲樓」。

廣州市自古以來，便因商業都市的地位而繁榮，因此有許多古老的行業，自然也是個人口稠密的地區。市中心並未經過土地規畫整理，總面積也只有兩百三十七平方公里，低樓層的建築在狹窄的範圍內櫛比鱗次。

▲中國共產黨的首任書記陳獨秀。

大多數的建築物屬於混合型建築，一樓當作商店和小規模的工廠，二、三樓則充當住家；面向大馬路的部分則架設水泥製的屋簷，這是為了遮擋副熱帶地區的強烈日照，讓行人得以行走而設計的，如今的建築物構造與當時相去不遠。陳獨秀借住的公寓，就位在這個繁華區域的正中心。

對於譚天度來說，陳獨秀是個令他印象深刻的人。陳獨秀經常邀請譚平山等人來看雲樓，討論新文化運動應該如何進行，而譚天度也經常跟著一起去。

有一天，譚天度怯懦的問：「未來，五四新文化運動展開了之後，到底會有什麼結果呢？總是看不見未來，讓我一直感到不安。」

陳獨秀像是看透譚天度的心，對他解釋道：「你們不了解嗎？你們所住的廣東，充滿革命的傳統，至今為止也誕生了許多革命人才。洪秀全、康有為、梁啟超，甚至是孫中山和劉師復等人，不都是廣東人嗎？廣東人的性格富進取性，也都是熱血漢子。所以，我抱著很大的期望！你們要更相信自己，替廣東的前途帶來希望！我很期待你們的表現！」

譚天度大大點了個頭，臉上也露出了笑容。

經過數次的會面過程，對於這四個年輕人來說，陳獨秀在不知不覺中已經成了類似父親的角色了。

某一天，陳獨秀突然用慎重的口氣，對他們說：「孫中山和陳炯明建立的新政府已經在廣東成立了，推動人民革命的最佳機會也已經來臨。北京和上海正在成立『共產主義小組』。我想，不久之後就會模仿蘇聯，把名字更名為『共產黨』。我們也在廣東成立一個同樣的組織，領導人民革命，如何？今天我要你們來，是想聽聽你們的意見。」

「非常贊成。我們也設立組織吧。」譚平山等人鼓掌叫好，立刻表示贊成。

花了一點時間研擬計畫後，他們模仿陳獨秀在上海成立的「共產主義小組」，正式在一九二一年三月成立組織，並把組織命名為「廣東共產主義小組」。

不過，關於組織初期的名稱，譚天度的記憶也有一些曖昧不明的部分。

陳獨秀最後打算命名為「共產黨」，在他的想法中，一開始曾經打算把組織命名為「共產黨廣東分部」（中共官方歷史：共產黨成立於三個月後的一九二一年七月二十三日第一次全國代表大會，所以這時還不能稱為「黨」分部），譚天度也記得曾用「社會主義研究會」的名稱來稱呼。

不過，不知從何時開始，組織的名稱就統一為「廣東共產主義小組」，這段歷史目前已經無法釐清了。一般認為，恐怕當時尚未確定組織的名稱，所以為求方便，換了好幾種稱呼。或許也可能是後來組織擴展至全國，必須統一名稱，那時才更名為「廣東共產主義小組」。

關於這個時期的歷程，譚天度在前述的書中寫道：「分部一成立，陳獨秀便擔任分部的書記……其後因工作繁忙，便任命譚平山為書記。此外，陳獨秀也任命譚平山為廣東省教育委員會副委員長，讓他輔助自己的工作。」廣東共產主義小組的活動據點，設於廣州市高第街素波巷的「廣東省立宣講員養成所」中。

廣東省立宣講員養成所，是陳獨秀以推展廣東省教育普及為名義，利用省政府的預算設置的教育機構。但是，這個機構只用於培養共產黨員。

夜校教育工人，也教階級鬥爭

「廣東省立宣講員養成所」目前已經成為廣州市第十中學。走進校門以後，正面是包圍著校園的四層樓水泥校舍「興華樓」，沿著連接兩棟建築的走廊繞到屋子背後，就可以看見依照當時原樣保留下來的舊建築物。

這間水泥造的兩層樓校舍，現在還在使用，一、二樓加起來共有八間教室。位在一樓最深處的，就是廣東省立宣講員養成所當時使用的教室。狹窄的樓梯口有塊招牌，上面紅底黃字的文字寫著：「廣州共產主義小組和廣東第一個黨分部，就是在這裡誕生。這裡設置廣東省立宣講員養成所，為革命積極培養幹部。」

其下方還寫著「摘自電視專題片《世紀松》解說詞」，標註的日期為一九九六年四月二十四日。所謂的「世紀松」，是指生長超過一世紀的松樹。松樹在中國原本就被視為長壽的象徵，而這部電視專題《世紀松》，是為了慶祝譚天度一百零三歲生日，由中國共產黨廣東省委員會、中國共產黨廣州市委員會、廣州市總工會共同製作的電視專題節目，廣東電視臺播出。

而各大報紙，也報導了廣東省上下動員舉辦的盛大慶生祝賀會的狀況。舉例來說，《廣州日報》還以〈世紀松，革命的常青樹〉為標題，刊載了相關報導。

「昨日，省委員會、市委員會、市總工會，慶祝革命的長壽之星——譚天度一百零三歲生日與迎接革命活動七十六週年，於廣東大廈舉辦盛大的生日慶祝會。前國家主席楊尚昆、中共中央政治局委員暨廣東省委員會書記謝非、全國政協副主席馬萬祺，皆致贈賀詞與禮物。」

參加者為省及市的兩百多位高層，大家都向身著西裝、坐著輪椅出席的譚天度表達祝福，而知名畫家關山月（編按：關山月〔一九一二—二〇〇〇年〕，原名關澤霈，廣東陽江人，中國著名畫家，嶺南畫派代表人物之一。擅長山水、人物、花鳥，尤以畫梅著稱）以及多名書法家，也都致贈自己的作品。但總覺得，這場動員全廣東省上下舉辦的熱鬧慶典，背後的意圖是要**向黨中央大大宣告譚天度的存在**。至於其必要性為何？將在後面的篇章詳述。

廣東省立宣講員養成所的遺跡是「共產黨的發祥地」，所以應該是具歷史意義的紀念建築，卻直到一九九六年，才公布一塊寫著說明的招牌。然而，若是從中國漫長的歷史來看，七十六年的歲月，或許就像昨天才剛發生的事一樣。

我是在七月進入暑假時，造訪廣州市第十中學。在教室舊址中，卻不見象徵當年時光的物品，印象中只見五、六個高中生正專心的讀著課本。當年廣東省立宣講員養成所開課時，學員一定也和他們一樣非常用功。

在譚天度的回憶錄中，曾經提到這麼一段往事：

「養成所的場地很狹窄，所以班級分為甲班和乙班。甲班的學習時間比乙班長，來上課的人也形形色色。課程科目有『新文化知識』、『社會主義』、『反帝國主義反封建主義』、『群眾運動』，而且還有『宣傳手法』等。此處是為培育宣傳馬克思主義人才的據點，課程分學期實施，各學期可以培養五、六十人。學費雖然免費，但伙食必須自己負擔，前後加起來已經培養了大約數百人……我負責教社會主義，也住進了學校的校舍裡。」

接著設立「機器工人夜校」，作為教育勞動者的機構。譚平山擔任最高負責人，但因為太過忙碌，幾乎不見蹤影，所以學校實際上是由譚天度主持，而營運資金則全靠募款支應。課程有國語、算術、歷史、地理等基礎教育，也有勞動者可能會關心的課程，如「階級鬥爭」、「第一次全國勞動大會決議」等。

細讀這麼一位共產黨員譚天度的人生，現在看起來似乎是十分順遂的開端。然而，在遙遠從前的這個開端，即便到了二十一世紀，還是成為了一個影響深遠的難題，也就是譚天度身上所擔負的工作，到底是誰構思的呢？

第二章

歷史矛盾：誰才是中共創黨元老？

自中華人民共和國成立以來，在政府發行的刊物中，通常只留下毛澤東、周恩來等少數人的名字，所謂的中國近代史，就是這麼祕密主義，就連一件基本的事情，到今天仍有許多未解之謎。

「歷經一九二〇年後半到一九二一年前半，共產主義運動逐漸在主要城市裡萌芽。這個不起眼的嫩芽，在廣大的中國只是大海裡的一滴水，甚至不曾受關注。但後來吸收了養分、伸展了枝椏，轉瞬間擴展到全國，並對中國近代史的發展產生了影響。在這當中扮演核心角色的，正是上海的共產主義小組。」

娓娓道出這段歷程的，正是「北京共產主義小組」成員張國燾。

誠如這段話所言，**上海就是中國共產黨最初的誕生地**。

在上海成了共產黨母細胞的小團體「共產主義小組」，於一九二〇年八月開始行動，比廣東要早七個月開始。九月時，青少年組織「社會主義青年團」早就以基層機關的身分開始活動，然而不久之後就解散了。

上海運作最成功的，就屬俄文學校了。

在布爾什維克派（俄語意為多數派，是俄國社會民主工黨中的一個派別）的指示下，第三國際派維經斯基（Grigori Naumovich Voitinsky，中文名字為吳廷康）夫婦來華擔任俄語老師，為了培養派到俄國的留學生而創立了預備學校。一九二一年，提早將劉少奇等八名青年團團員，以第一屆學生的身分送到莫斯科東方大學去。

（一九二五年，莫斯科中山大學成立，東方大學的中國學生轉到中山大學，其中包括鄧小平。中山大學則招收了蔣經國、谷正綱等人。）

莫斯科東方大學是蘇聯為了社會主義教育而設立的國際大學，接受世界各國來的留學生。（編按：曾經念過東方大學的中共著名人物，包括第一批的劉少奇，第二批的劉伯堅、以及名將聶榮臻、葉挺，第三批的名將朱德、彭干臣。鄧小平不屬於這三批。當時廣東國民政府和馮玉祥的國民軍，有四十名畢業生奉派加入。）

《新青年》和《勞動者》成了上海共產主義小組的機關刊物，而後來從上海發行的小冊子《共產黨宣言》遍布全國，受歡迎到幾乎讓人爭相搶奪的程度。

中國共產黨第一任書記──陳獨秀

繼上海、北京之後，廣東也成立了共產主義小組；接著，同樣的團體成立於湖北、湖南、山東這三省；隨後，日本、巴黎也相繼成立，單單一九二一年，就有八個共產主義小組創設。

關於成員的人數說法不一，有一說是總人數有五十七位之多。全國各地的共產主義小組成員中，大約由下述人員組成：

北京：張國燾、李大釗、劉仁靜、鄧中夏等。

上海：陳獨秀、李漢俊、李達等。

廣東：譚平山、陳公博、譚植棠。

湖北：董必武、陳潭秋、惲代英、包惠僧等。

湖南：毛澤東、何叔衡。

山東：王盡美、鄧恩銘等。

日本：周佛海、施存統。

巴黎：張中府、陳公培、劉清揚。

其他還有曾隸屬於巴黎共產主義小組青少年組織「社會主義青年團」的周恩

來、李立三等人。

一九二一年七月，巴黎以外的七個共產主義小組代表，於上海展開初次集會，這天以後，「中國共產黨」正式成立了。

加上第三國際代表馬林（Maring）以及尼克爾斯基（Nikolsky）在內，這場集會就在座落於上海法租界望志路一〇六號（現在的黃浦區興業路七十六號）——李漢俊的寓所祕密召開。**陳獨秀當時因為正忙於廣東省教育委員會的職務而缺席，卻被全體與會者選為最高指導人，也就是書記**。

陳公博代表廣東前來與會，但根據譚天度的記憶，那並非透過選舉決定，而是陳獨秀指定的。

「當時，陳獨秀就像大家的父親，很有威嚴，無論是誰都會聽他的話，從未有人對他的話提出任何異議。陳公博當時才新婚，所以是度蜜月順便到上海來的。」

陳公博也在自己的著作《我與共產黨》中，詳細描繪了會議當天的情景。

根據他的描述，當時理應每天轉換開會地點，結果實際上每天都在李漢俊的寓所進行。當他感到不可思議而試著詢問張國燾之後，得到張國燾如下的答案：「李漢俊是個膽小卻愛賣弄知識、又會自吹自擂的傢伙，如果一直用他的住處，我想他會很害怕的，開心吧？」

這件事，使陳公博覺得張國燾是個討厭的傢伙；相對於此，他卻對學究型的李漢俊存有好感。譚天度回想起陳公博回廣州後，還經常讚美他。

而在《我與共產黨》一書中，曾經提到某個事件，與李漢俊有關。某天，曾有可疑人物突然來窺視房間，因此會議突然被打斷。這是在黨員們解散之後的事了，警察來到只剩下陳公博和李漢俊的公寓，花了好幾個小時搜索住宅，所幸放在桌子抽屜裡的黨綱草稿沒被發現，事件安然落幕。

因為這件事情緊張不已的與會成員們，之後更改了會議地點，最後到杭州西湖上包船，一邊佯裝是觀光客、一邊結束會議行程。

（編按：陳獨秀（一八七九年十月九日—一九四二年五月二十七日），安徽人，中國共產黨的主要創建者之一及首任總書記，五四運動精神領袖，創辦了著名白話文刊物《新青年》。他到一九二七年四月為止，一共連任五次總書記，但是他對共產國際的指令有諸多不滿，於是共產國際代表鮑羅廷在七月改組中國共產黨中央時，張國燾、張太雷、李維漢、李立三、周恩來組成臨時中央局兼常委，陳獨秀被停職。一九二九年被開除黨籍。）

中國共產黨綱領？最高機密

中國共產黨第一次全國代表大會（一全大會），至今仍被當作中國共產黨光輝歷史的第一頁，是值得紀念的重要大事。當時召開大會的地點，現在也成為觀光聖地，但事實上，會議本身日後卻招來爭議。

首先，是參加成員以及參加人數並不確切，連舉辦的時間也不甚清楚。再者，就連應該已經在會議中完成的**《中國共產黨綱領》，至今仍尚未被發現**。至於為何無法確定與會成員是誰，除了因為沒留下會議紀錄跟會議速記以外，儘管有不只一份與會當事人的回憶錄，但不管是哪一份，主觀記憶都過於強烈，且欠缺客觀性。

參加人數方面，以往就有「十三人」與「十二人」的說法，其中以香港的民間歷史研究家鄧文光所指出的「十二人」說法最有力。此外，會議日期方面，除了中國政府公布的「一九二一年七月一日」，以及海外專家之間主張的「七月二十日」兩種說法之外，由於鄧文光「一九二一年七月二十三日」的說法公認最為合理，一度成了會議日期的定論。

一位民間學者提出的研究結果，竟被視為最有力的論點，這究竟是怎麼回事？《中國共產黨綱領》有兩份現存史料：其一是陳公博於一九二四年一月，在哥倫比亞大學用英文撰寫的版本；以及蘇聯解體後，解密公開的俄文版。兩個版本一起比較之後，內容幾乎一致，但兩份都是外文資料，不能說是「定案版」。然而，中文資料到現在尚未被發現。

抑或是明明在中國國內已經發現、但由於內容對現行體制會帶來什麼不利的影響，因而被阻止公開也說不定，更何況中國政府甚至阻擾公布全體成員的名單。

自中華人民共和國成立的一九四九年以來，政府發行刊物中通常只留下毛澤東、周恩來等少數四、五人的名字於其中，就連前面提及的會議日期，也有不少全盤接受毛澤東的發言、著作這種缺乏客觀性的內容。所謂中國近代史，就是這麼祕密主

義，就連一件基本的事情，到今天仍有許多未解之謎。

（編按：依照中華人民共和國國史綱記載，中國共產黨第一次全國代表大會有毛澤東、包惠僧、陳潭秋、鄧恩銘、董必武、何叔衡、李達、李漢俊、王盡美、劉仁靜、張國燾、陳公博、周佛海共十三位參加，所以民間有人認為中國共產黨創辦人是十三人。）

譚平山、譚天度到底是不是中共「創始人」？

此時期仍有其他未解決的部分，那就是譚天度加入中國共產黨時期的「政治評價」問題。事情的原委，就是今天位於北京的中國中央政府，是這麼評價譚天度的：

「譚天度是中國共產黨創建時期就入黨的黨員，但不是中國共產黨創始人。」

這看似機智問答，簡單講就是譚天度身為中國共產黨創始人的身分，並不受到認同。對外人來說這並不具有任何意義，然而對於和中國歷史直接相關的人來說，這是個何等重大的問題。

所謂的「創始人」，換句話說就是能以「血統純正」的招牌，成為現代中國的象徵。若是「創始人」，他的名字將永遠被刻在中國共產黨光輝的紀錄裡；但如果是「草創時期的參與者」，就不過是個過往的人，終究會被遺忘。

譚天度是否為中國共產黨創始人的這個問題，在廣東的歷史學者之間，引起了很大的爭論。

例如有份以〈譚天度同志參加廣東共產主義小組活動的報告書〉為題的研究報告，就是中國共產黨廣東省黨史研究室在一九九六年五月十三日完成的，摘錄其中一段內容如下：

「一九二一年夏天，參加第一次全國代表大會的陳公博回廣州之後，立即向黨的核心成員們報告了代表大會的情況。出席報告會者有陳獨秀、譚平山、譚植棠、劉爾松、譚天度等五人。接著，自夏到秋，陳公博進一步擴大報告會成員規模、要轉達代表大會的情況，但當時的報告會中只有十多人參加……。

「從各種情況來看，廣東共產主義小組的所有小組成員本來就無法確認，然而，譚天度從這個組織成立當初開始，就參與所有的創設過程、並出席重要活動，甚至說地位相當於指導者的角色，也沒有任何讓人質疑的餘地。不光是他，就連其他各地『共產主義小組』的成員也是。為了確認，必須就實際情況判斷……。」

不知為何，這是篇含糊不清的文章，和前半部明快的陳述相關事實比起來，最後的分析結果既沒自信，甚至還感情用事，而且當中也未明確批判黨中央從來沒有針對事實進行調查。

這份研究報告不管怎麼看，都暗中認同譚天度就是「創始人」，然而北京的中國共產黨中央至今仍不承認。

還沒創黨就已是共產黨人

剛開始閱讀這份報告時，我的內心突然冒出一個很直接的問題：初創廣東的共產黨時，成員究竟是多少人呢？

《譚天度詩文集》中記載的創黨黨員是陳獨秀、譚平山、譚植棠以及陳公博這四人。然而，中國共產黨黨史研究室的報告中，「核心成員」名單列舉了六人：除了前述四人以外，還要加上劉爾崧以及譚天度兩位。

事實上，廣東學者對於這點引發了激烈的爭論，核心成員也出現了「九人」而不是「六人」的說法，甚者連「十一人」的說法都跑出來了，根本就處於眾說紛紜的狀態。

九人說法的根據，在於一九二二年時，陳公博接觸到史達林與第三國際後寫下的〈廣東共產黨的報告〉。報告中有「組織成員有九人」、「機器工人夜校由黨的同志負責」的內容，但未具體提及人名。

「機器工人夜校」是緊接著廣東的共產主義小組設立後，與廣東省宣傳員養成所一同成立的夜校。名義上由譚平山負責，但實際上從一些證詞來看，很明顯是由譚天度主導。也因此，陳公博報告中所謂「黨的同志」，不可能是譚天度以外的人。

十一人的說法，則出自於過去曾是湖北共產主義小組成員的包惠僧之口，但他是在一九六一年因應共產黨中央進行經歷調查時提出的。

關於原本「十一人」的說法，後來才發現這個人數裡包括了第三國際派來的兩位外國籍共產主義人士，於是歸納出實質上是「九人」說的結論。

關於包惠僧在一九二一年五月時，滯留在廣東約兩個月的期間所發生的事，他做了以下的陳述：「某天，有人邀我參與廣東分部的會議。出席廣東分部的會議，這是第二回了。當時的人數不多，有譚平山、陳公博、譚植棠、劉爾松，之後的名字就忘了，不過有個同志姓李還是譚的，他是廣州師範中學的老師，再加上陳獨秀在內，全部有七個人（參加會議）。」

基於這段文字，位於廣東省的黨史研究機關調查後的結果，當時俗稱「廣州師範中學」的廣東高等師範學校附屬中學內部的教職員名冊中，沒有姓李的，姓譚的只有譚天度一個人。簡言之，包惠僧的「十一人」跟陳公博的「九人」就不消說了，就連「六人」說也包括了譚天度的話，就幾乎是肯定的了。

中國共產黨的母細胞——廣東共產主義小組，其成員如果被判定是「六人」或者「九人」，譚天度就是共產黨的創始人之一。倘若判定為「四人」的話，則無法歸為創始人，就只是「老同志」罷了。

四人、六人還是九人？所謂的創始人，到底是指哪個範圍呢？這部分的討論，就停在這裡了，但如果試著嚴密分析中國共產黨在廣東成立的過程，其中共有三場重要的會議。

首先，和上海、北京一樣，廣東也為了組織「共產主義小組」而召開會議：譚天度的回憶錄裡也有這一段，也就是陳獨秀集結了譚平山等人之後所討論的會議。

再來是陳獨秀統一各地「共產主義小組」後，為了確立以「中國共產黨」為名的組織而進行的會議。

最後，是決定派誰到第一次全國代表大會所召開的會議。雖然這三場會議在廣東召開過後，中國共產黨開始正式發跡，但所有的會議，譚天度都參加了。

此外，中國共產黨在廣東成立以後舉辦的重要活動有三項，無論是哪項，譚天度都參與了，也就是：

一、《廣東群報》創刊。從創刊號開始就刊載了譚天度的文章。

二、廣東省宣傳員養成所的設立。授課對象是全體共產黨員，譚天度是講師。

三、機器工人夜校的設立。譚天度是學校營運的總負責人。

換句話說，就結果來看，譚天度在廣東參與了所有的過程，直到中國共產黨組織化為止，而且是身負一定責任的要角。

還不是黨員，就開始訓練黨員？

關於自己是不是「創始人」的爭論，譚天度又是怎麼想的呢？他所寫的回憶錄《譚天度詩文集》中有以下的內容：

「（共產黨在廣東）正式成立的時候，他們雖然沒有命令我參加，但我一直參與他們的活動。他們可能是暫時觀察我、把我當成未來制度化之後的預備黨員，所以我還不是正式的黨員……。

「我在一九二二年的春天，受到譚平山的推薦，正式參加了黨組織。那天晚上，譚平山來通知我參加高第街素波巷的『廣東省宣傳員養成所』會議，那時會議要討論的就是我的入黨問題。

「譚平山首先介紹了我的簡歷以及參加的活動，接著我表明想加入黨的意願，並對組織詳細介紹了自己的家庭狀況以及經歷。接著，從譚植棠、陳公博開始，所有的人都表示贊同之意。最後，我謹慎的宣示絕對服從黨的規律、嚴守黨的祕密、為了解放中華民族以及解放全人類而獻身奮鬥。」

也就是說，譚天度說自己的入黨時間為一九二二年春天，也就是中國共產黨成立後的隔年。換言之，他清楚說明了自己並非「廣東共產主義小組」的正規成員。

而如今，中國共產黨中央完全採納譚天度自己的說法，還做了這樣的解釋：

「創始人有四位，而譚天度並未列入其中，所以並非創始人。可是他從草創期就開始參加活動。」這會讓人覺得事情到此為止就好了吧？自己說的話一定不會錯，不管是誰都會做出這樣的結論。

然而，即使像譚天度一樣「自我批評」，還是有受到共產黨中央大膽認定為「創始人」的人物，周恩來便是其中一例。

為何周恩來是創黨元老，譚天度不是？

周恩來是在一九八五年，也就是文化大革命後開始進行的舊黨員經歷再調查中（實際詢問時間在一九四五年），因為回答而引發了問題：「我在一九二二年夏天，得到中國共產黨中央的批准，加入了中國共產黨，推薦人是劉清揚。」

若是直接採用他的「自我批評」說法，就應該跟譚天度一樣，不是「創始人」、而是「草創時的舊幹部」才對。然而，他卻被認定為創始黨員。這是為什麼呢？據說理由是以下兩點：

一、張申府（中國哲學家、中共創始人之一）於一九八二年時答覆的經歷調查中，記錄為「一九二一年，我在巴黎受到周恩來推薦入黨。」

二、劉清揚（中共早期活動家）在一九六〇年申請再次入黨的時候，提出的說法是：「我入黨的時間是一九二一年，是在巴黎共產主義小組創立時……還有周恩來等幾位同志。」

綜觀黨籍認定的經過，當提出中央最高指導者們的黨籍為議題時，周恩來被放大檢視，而應該解決這難題的中國共產黨，則拿出新的方針。

首先，在確立「黨正式設立於一九二一年的第一次全國代表大會」的前提下，擴大解釋了原有的規定：「然而，之前加入共產主義小組的同志，視同一九二一年正式成立時入黨同志，正式承認共產黨員的身分。」

也就是說，很明顯的共產黨在草創時期的混亂情勢下，倘若原本就參加過共產主義小組活動的人，就算共產黨正式成立，也不會有人慌慌張張急著登記入黨吧？更何況，人在巴黎等海外地區，也不一定能辦妥入黨手續。因此，就算共產黨發跡後，沒有立刻辦理正式的入黨手續，但是從這之前就開始參與活動的同志，打一開始就一律會被認定為共產黨員、視為「創始人」，這才是合理的解釋吧。

共產黨中央於是依循了這個新方針，下了周恩來「被視為創黨當初就加入的黨員、認定為創始人」這樣的結論。

這原本就是種便宜行事吧，對於像周恩來這樣的中國最高階級重要人士來說，這和國家領導身分該有的權威相稱，因此以政治上的判斷來說，無論如何也必須掛上「創始人」的頭銜。本人就算了，至少周圍的人沒這麼想過嗎？

然而，毛澤東和董必武的情況又稍微不同了。這兩個人跟周恩來一樣，在一九四五年進行的經歷調查訪問中，曾自我批評入黨時間是一九二一年。不過，在下回調查的時候，便開始依循另一套新方針而擴大解釋。於是，就提出「共產主義小組時期開始就參與活動了，所以入黨時期是一九二〇年才對」來推翻自己的陳述。想當然耳，他們兩人接受被認定為正牌「創始人」的說法。

說起來沒什麼特別的，簡言之所謂的新方針，就是隨機應變的「現實論」，從前的舊方針根本就是把辦理正式入黨手續的日期當基準、沒辦法妥協的「形式論」。新方針比以往的允許範圍還寬，並不是壞事吧？不過，這當中有個很大的陷阱。**不管選擇「現實論」或者「形式論」當中的哪一邊，竟然都是取決於本人的意思**。

問題在於「自我批評」的人個性各有不同。如果是個想被當成創始人的野心家，一定會選擇對自己有益的「現實論」；而中規中矩又正直的人，就可能會選擇「形式論」。這麼一來，個性的差異導致結論幾近相反的情況，也是會發生的。

我的眼中，譚天度迅速伸了懶腰的身影又鮮活起來。

細長的雙眼中充滿了活力，從他直直盯著對方的表情中，感覺不到一絲絲懷疑，毫不矯情、既不強勢也沒有野心，看見什麼、體驗到什麼都會直接說出口，也不忌憚任何人，我想這應該是他的天性。

不過，是濫好人的關係嗎？不管自己的發言引發多少爭議、讓許多研究者跟著混亂，他依然擺著事不關己、裝作不知道的表情。

代替譚天度、一心提出異議的，是廣東省某位歷史學者：「這就是『歷史的大矛盾』。可是，一直曖昧下去是不被允許的，應該要給予客觀的歷史評價才對。」他以亢奮的口吻說著。

共產黨、國民黨，曾是同一黨

的確是如此。不過，我們距離歷史能做出客觀判斷的那天，肯定還很遠。從「歷史的大矛盾」這點來看，譚天度的認定問題只是旁枝末節，比這更嚴重的問題，在於中國共產黨歷史的陰影部分——亦即以前「廣東派」被強迫、至今仍繼續擔負著的「沒道理的角色」，我覺得譚天度似乎多少受到了這部分的波及。

廣東派背負這「沒道理的角色」，是在中國共產黨成立第二年的一九二二年、第三國際舉辦極東民族大會（編按：為了與一九二一年十二月由美國主辦的華盛頓會議對抗，以及強化東亞諸國的革命運動、擺脫成為列強殖民地的被支配地位，第三國際原定在俄羅斯伊爾庫次克舉辦「東方被壓迫民族大會」，後因如日本等並不能被稱作「被壓迫國家」代表也參加的緣故，名稱便改為「極東民族大會」，會議地點也更改為莫斯科）之後，逐漸強力介入中國革命的關係。**第三國際跟廣東派之間尷尬的關係，慢慢衍生出很大的裂痕，最終發展成中國共產黨內部激烈的權力鬥爭。**

遠眺中國近代史，我們可知一九二七年四月時，由蔣介石發起的「四一二清黨事件」，正是歷史的重大轉捩點。

共產黨誕生後六年，就像孩子正在被養育成大人的、薔薇色的青春時代，在此同時，也是成長期中常有的、帶有極大挫折感的試煉時期。

咱們先來簡單回顧一下這極其錯綜複雜的六年。

一九二一年甫成立的中國共產黨，立刻就想開始進行「社會主義革命」，卻被第三國際以「黨不應該在不成熟的階段革命」的理由制止了。第三國際向共產黨勸諫道：「中國的社會主義革命時期還早。當前的課題，是設法從列強的支配中解脫，還有打倒軍閥。所以，首先該做的是建立民主國家。」於是要求他們「**加入由孫中山領導的國民黨，進行『黨外合作』**」。另一方面，第三國際也援助了大量的資金。

所謂的「黨外合作」，簡單說就是共產黨員以個人名義加入國民黨、協調相關事務；然而，中國共產黨對這個想法持反對態度。

儘管第三國際的指導並不中聽，不過以當時的狀況來看，對中國共產黨而言，第三國際絕對不是砸錢支配共產黨的「高壓統治者」，不如說是隸屬於其麾下、加入這個以世界革命為目標的組織後，成為其中的一員、和崇高使命結合的對象。而且中國共產黨在這個時期，傾力發動的京漢鐵路勞動運動，受到直隸系軍閥的鎮壓而敗北；另外，國民黨總理孫中山跟蘇聯代表越飛（Adolf Joffe）締結合作關係，使得共產黨員不甘願的遵從第三國際的指示，接受加入國民黨的提議。

國民黨是孫中山自一九一四年祕密組織的中華革命黨改組後，一九一九年另立的政黨，卻有濃厚的軍閥色彩。孫中山命蘇聯派來的共產國際代表鮑羅廷（Mikhail Markovich Borodin）為指導官，大力改善組織體質；另一方面，也為接受共產黨做準備。

一九二四年，國民黨在廣州舉辦第一次全國代表大會，孫中山擔任大元帥，他主張「三民主義」，表明了「聯蘇（與蘇聯結盟）、容共（容許共產黨）、扶助工農」的政策，並**提出接納共產黨**，來充實國民黨的方針。就這樣，在廣東省設置了廣東政府（一九二五年時改稱為國民政府），成為「革命根據地」，接著就開始了國民革命（編按：通常簡稱為「北伐」）。中國共產黨中央雖然位於上海，但分部的廣東區委（廣東地區委員會）的重要性，卻飛快的提升了。

辛亥革命造就譚平山，毛澤東還旁邊站

後來，這段國共合作的歷史，還被當作訴說中國共產黨初期如何活躍的精彩紀錄，並留在中國共產黨的黨史裡。不過，實際情況是中國共產黨被國民黨併吞了，不能稱作是對等的合併。先不論合併的情況如何，改組後的國民黨遴選新執行委員，結果包括譚平山、李大釗等三位共產黨員在內，一共選出了二十四名國民黨中央執行委員。譚平山更脫穎而出、被選為三位常務委員之一，並擔任國民黨組織部長。

為什麼只有譚平山受到拔擢呢？其中一個原因，是他曾加入孫中山的中國同盟會，也有參與過辛亥革命的經驗，和孫中山又是舊識，再加上他曾是中國共產黨幹部的關係。獲得國共兩黨信賴的他，最適合擔任雙方的橋梁，再加上身處鄰近國民黨的

廣東，無論譚平山的方言能力是否流利，應該還是比只能說北京話的人要好多了。而就特質來看，偏好出身廣東的人這點，也是一大考量。

此後，所有參加過國民黨的共產黨員，直到「國共合作」破局的一九二七年四月為止，都處於擁有國民黨及共產黨雙重黨籍的情況。順帶一提，**毛澤東在國共合作當時，是國民黨中央執行委員會十七位候補委員之一**，至於升到**代理宣傳部長**的高位，則是一九二六年以後的事了。在孫中山過世後，從國民政府發跡而成為主席的汪兆銘（號精衛），以兼任宣傳部長一職過於忙碌為由請辭，並指定毛澤東任代理宣傳部長才開始。

合作之初確實曾有預期的成果，不但在廣州設立了農民講習所，也辦了黃埔軍官學校。**黃埔軍官學校是在一九二四年時，孫中山獲得第三國際支持下所創設**，中國最早的陸軍軍官學校（一九二七年遷往南京）。第一任校長是蔣介石，而地位與校長並駕齊驅的是國民黨代表廖仲愷，底下設了教授部、教練部、軍需部、政治部等七個部門。至於校長的人選，據說是蔣介石強力毛遂自薦，孫中山就從善如流的關係。學生總數方面，根據《黃埔軍校史料》記載，第一期到第五期的畢業生分別是六百四十五人、四百四十九人、一千兩百三十三人，接著攀升到兩千六百五十四人以及兩千四百一十八人之多。

周恩來自法國返鄉，到達廣州已經是一九二四年九月初的事了。

在廣東區委的指示下，譚天度到港口來迎接他。在周恩來的黨務工作確定之前，就在譚天度負責宣傳工作的「民族解放大同盟」裡協助處理軍事方面的工作。根據譚天度的說法，周恩來不但熱心工作、仔細，也懂得待人處世。原本被分配為政治部副主任的周恩來，沒多久就升為第三任政治部主任。

國民黨裡的共產黨團書記

一九二五年時，由上海勞動者發起反日的「五卅運動」、香港海員發起的反英運動「省港大罷工」等大規模的抗爭相繼發生，民族運動一舉高漲了起來。尤其是省港大罷工，是由自稱「廣州工人代表大會」的共產黨勞動組合，動員了十九萬人，從一九二五年六月開始的一年四個月間，封鎖了香港海岸、癱瘓香港經濟，為世界勞動運動史上留下了相當大的爭議。

掀起民族運動的大波瀾當中，本應以統一全國為目的而往北方進軍、開始「北伐」的孫中山，於遠征途中因肝癌病逝後，一九二五年七月，由擅長外交的汪兆銘，按孫中山遺囑正式組織國民政府，並擔任主席。隔月，將黃埔軍校的黨軍編為第一軍的國民革命軍成立了，而國民政府則由以汪兆銘為核心的國民黨左派及共產黨掌握指導權。

▲周恩來——因為共產國際情報局的安插，曾任黃埔軍校政治部主任，官拜中將，當時才26歲。（作者提供）

然而，自合作開始，國民黨內部的右派就堅持反對。一九二五年八月二十日，發生了左派主要領導者財政部長廖仲愷，在議會的玄關前遭到暗殺的事件。這起事件對左派來說雖然是一大打擊，不過暗殺計畫的目標，後來才發現連譚平山也包括在內。

當天早上，譚平山因為協助在香港遭檢舉組織罷工而受處分的共產黨員楊匏安安排工作，在出席議會時遲到了幾分鐘，因而逃過一劫。

至此，國民黨左右兩派的對立更加激烈，於是共產黨便獨自發展下去，廣東區委的發展更是驚人。

一九二六年十二月時，**中國共產黨黨員總數達一萬八千多人**，這當中，廣東區委的黨員人數約占三分之一，算來有五千多人，大幅領先湖南區委的三千七百人、江浙區委（江西、浙江省）的兩千兩百人以及北方區委的兩千人，這簡直是壓倒性的多數。順帶一提，這時國民黨總人數為十八萬三千多人。

譚平山簡直成了全中國最有魅力的人。

根據譚天度的回憶，中國共產黨設立時，流傳著「南陳（南邊陳獨秀）、北李（北邊李大釗）」的說法，但自國共合作以來，就被改說是「南譚（廣東的譚平山）、北李（北京的李大釗）、中有陳（居中上海的陳獨秀）」。

他也在中國共產黨內升格，在就任「國民黨內的共產黨黨團書記」之後，於共產黨第五回全國代表大會中擔任政治局委員。或許是這個原因，號稱人數眾多的廣東區委，看在上海的共產黨中央眼裡非常具有獨立性。廣東區委及黨中央之間看法不同的戲碼，開始搬上檯面。

國共合作後發生了廣東商團（商人們的防衛隊）暴動事件，全程目睹廣東政府以武力鎮壓「商團事件」（編按：一九二四年八到十月，廣東商團與孫中山在廣州組織的廣東政府之間的流血衝突事件）的譚平山，向上海共產黨中央的陳獨秀要求脫離國民黨，但是共產黨中央傾向站在第三國際的立場，並未認真採納他的意見。

中山艦事件，蔣介石從此大權在握

時間稍微回溯到一九二六年三月發生的「**中山艦事件**」，這其實是起謎樣般的事件。軍艦「中山艦」艦長接到蔣介石的命令，航行到黃埔地區的時候，蔣介石卻說不記得曾發布這樣的命令，於是宣稱此乃共產黨以暗殺自己為目的所策劃的陰謀，接著立刻頒布戒嚴令，**並逮捕了李之龍（中山艦艦長，是中共在國民革命軍中軍銜最高**

的軍事將領）等五十多名共產黨員。

這事件在往後引起各種揣測，但最後仍不了了之。其中一種臆測是，明明不存在任何陰謀，是蔣介石以為自己是共產黨狙殺目標而反應過度；另一種說法則大膽主張，這起事件是蔣介石一手策劃的。目前則大致上歸納出這是蔣介石意圖剷除左派、反共產黨發動的無血革命。

如此推測是因為「中山艦事件」發生後沒多久，蔣介石就掌握國民黨、國民政府以及國民革命軍等所有重要單位。他打著繼承孫中山遺志的響亮招牌，以統一全國的名義開始向北方進軍——北伐。但綜觀北伐一事，相對於抱持贊成立場的廣東區委，以陳獨秀為首的上海共產黨中央卻投反對票，引起大規模的爭論。

再者，一九二六年以後，共產黨中央遵照第三國際的方針，下達「與國民黨左派協調、設法奪取國民黨權力」的指示，但平常就和國民黨共事因而討厭此做法的廣東區委，提出「真左派並不存在」的反對論點。

在這個反對論點之後，不可思議的事情又再添一樁。第三國際在中國共產黨設立當初，援助的資金竟然高達九〇％，但不管資助多少，似乎都沒有流通到廣東區委這裡來。

根據陳公博的著作《我與共產黨》，裡面甚至有「廣州共產黨沒用過蘇聯的一毛錢，連（資金送達處的）地點都沒有，也無法拿到人事費用……我、平山、植棠都有工作，在學校授課，把每月剩餘的薪資撥做黨費，刻苦經營卻也過了一年」這樣的陳述。

廣東相關的史料中，也留下很多譚平山為了獲得活動資金而提出的募款委託書。這是因為在獲得「革命的發源地」這樣高度讚譽的廣東，整體社會都深入了解革命思想，所以容易募集到資金的關係。要是當初接受第三國際的資助，對第三國際的忠誠，感覺也會如同上海的共產黨中央那麼強烈。

就這樣，即便幾度維持不和諧的關係，隻手掌握軍隊的蔣介石抱持統一全國的野心，開始了北伐。

汪兆銘等人組成的國民政府和黨機關，在保留國共合作的情況下轉移到武漢，組成了由左派主導的國民政府，而共產黨也跟著把黨中央遷到武漢。因為蔣介石強烈要求把國民政府跟黨機關移到設置總司令部的南昌，更加深了雙方的對立。位於武漢的國民政府想讓蔣介石解職，並一舉奪取權力，但汪兆銘手無兵權，蔣介石便無視中央的命令，試圖在南京建立另一個新的國民政府。

美國等列強擔心由共產黨主導的民族運動，怒濤會越漲越高，於是英國、美國、法國、義大利跟日本五國發表共同聲明、挑戰蔣介石的新政權：「**要讓列國撤銷承認南京國民政府嗎？還是要消滅由共產黨指揮的『紅色暴徒』？**」

面對這個恐嚇，蔣介石斷然選擇了後者，一九二七年四月時，為了掃蕩共產黨，發起了「清黨」的軍事攻擊。

「就算錯殺千人，也不放過一個共產黨員。」基於蔣介石這項至高命令，不光是共產黨，連左派勢力、勞動者、學生也遭到大量檢舉，不分青紅皂白就被殺害了。

事後，蔣介石在南京成立了國民政府，並迅速獲得列強的正式承認。

就這樣，中國同時存在汪兆銘帶頭的左派——武漢國民政府；以及蔣介石率領的右派——南京國民政府，形成一幅奇妙的政治勢力劃分版圖。

第三章

譚平山因起義失勢，毛澤東因長征崛起

以南昌起義的敗北為分水嶺，以知識分子為中心的中國共產黨的領導者多數被掃蕩一空，中國共產黨搖身一變，成為全身帶著土味的戰士之黨，動員對象從勞工轉變為農民。

始於上海的「四一二清黨」（一九二七年）整肅風暴，在該年的四月十五日，開始波及廣州。在廣州知名中學「廣雅中學」負責訓練黨員的譚天度，當天清晨上班途中，就感覺到異樣——大街上到處都有年輕人遭到逮捕，之後就載上卡車運走。市內瀰漫著一股緊繃的氣氛。

譚天度一邊揣測是不是發生了什麼事，一邊加緊腳步趕往學校，突然有個人拉住他的手臂。回頭一看，原來是他的朋友林先生。

「你怎麼還在外頭閒晃，快逃啊，很危險的！」

林先生急急忙忙告訴譚天度，國民黨軍已經開始在廣雅中學搜索，共產黨員都被拉出宿舍，在校園內槍殺了。

「蔣介石反戈了，他要你們共產黨員的命。警察也到你家搜索了。總之，直接到我家來吧！」

「你說什麼？這麼一來，廣東區委會怎麼樣？我得趕快過去看看狀況……。」

「你在說什麼啊？你的事得先解決，如果你還是不放心，我等會兒再去看看。總之，你先躲到我家去吧。」

譚天度被說服了，他決定先去避難。

國民黨「清黨」，共產黨「起義」

幾個小時後，前去觀察市區狀況的林先生說，不要說廣東區委了，連廣東省立宣講員養成所和機器工人夜校都有警察搜查，被逮捕的共產黨員當場就被槍斃了。

譚天度感到極大的衝擊，腦袋彷彿被人狂毆，兩手因為憤怒而不斷顫抖。

「你遲早也會被抓，儘早離開廣州吧。其實，我剛巧在路上遇到你的上司簡先生，他要我把這個交給你。」林先生從懷裡拿出一個白手帕包著的布包。

打開一看，是一個厚厚的錢包，裡頭裝著兩百元的銀幣。當時的年代，一個銀幣就可以生活一個月，所以這是很大的一筆錢。簡先生除了是經營複合企業「南洋兄弟菸草公司」的財閥外，同時也是國民黨的廣州市商民部長，譚天度擔任他的祕書。

他心想，這一定是要供我逃亡的資金。

「對不起。有一天我一定會好好報答他，請代我傳達給簡部長。」

「不要在意這種事。我會和簡先生好好說的，總之你快逃命吧。」

連道別的話也沒辦法好好說，倉皇逃出林家的譚天度直接到了港口，就僱一艘小漁船前往香港。

連續好幾天，廣州都有勞工和大學生遭到檢舉，被卡車載往東郊廣場。一天內被處刑的人，甚至多達上百人。逃到香港的譚天度，也接到共產黨幹部劉爾松、蕭楚女、李森等人都被槍斃，廣東區委已分崩離析的消息。

譚平山為了參加共產黨第五回全國代表大會，所以去了武漢一趟，逃過此劫，真是不幸中的大幸。

因「四一二清黨」而死亡的總人數，至今仍無法得知。

有一說認為，全中國各地，不分青紅皂白遭到殺害的學生和共產黨支持者，總數達到三十二萬人；而不到半年的時間內就激增到六萬人的共產黨員，也一下子銳減至一萬五千人。

陳獨秀的兒子也死於清黨

在香港的那幾天，譚天度打聽好廣東消息後，打算前往上海。

譚天度搭了幾天的船之後，終於到了上海。

但是，他人生地不熟的，在街上閒晃一陣之後，在人群中發現熟識的共產黨員。他趕忙出聲喊叫，對方卻只是看了他一眼，隨即裝作不認識，像是逃走似的消失在人群中。無計可施的他，找了一家便宜的旅店，暫時住了進去。

幾天後，有個陌生男子前來拜訪。

「是譚天度同志吧。有個人在等你，請跟我來。」

跟著男子走了一陣子之後，他被帶到上海一個髒亂老舊住宅區內的一戶獨棟人家。等著他的，是過去曾經擔任廣東區委書記陳獨秀的兒子陳延年。陳延年是安徽人，「四一二清黨」發生沒多久之前的三月，和譚平山一同出席於武漢召開的共產黨第五回全國代表大會，但因事態突然出現變化，而被緊急派往上海，擔任江浙區委書記、江蘇省委書記。

譚天度和陳延年的第一次會面，是在一九二七年的三年前，也就是一九二四年。陳延年自法國留學歸來，經由莫斯科回到中國後，剛到廣州擔任廣東區委書記。

當時，廣東區委位於廣州文明路八一號的雜居高樓，是一棟三層樓高的老房子，屋頂正在進行替換工程。當譚天度一進去，看見整個房間堆著山一樣高的建材，而房間的角落，有個渾身骯髒的微胖男人正蹲在那兒。

「對不起，不好意思。」

「喔！什麼啦！」男子立刻站起身來，晒得黝黑的臉龐朝這邊望過來。

「請問，是陳延年同志嗎？」

如果沒看過照片，一定會誤以為他是做粗工的工人。健壯的身軀和粗壯的脖子，外貌和知識分子相去甚遠。

陳延年用爽朗的笑容歡迎著譚天度。他清掉木材和垃圾，在房間中央清出一塊空間後，便拉了一張長凳過來，兩個人一起坐著。

譚天度聽陳延年說話聽得入神。他個性率直卻不討人厭，渾身充滿朝氣，膽子也大。會傾聽別人說的話，並誠實的提供建言，讓人感覺很溫暖。譚天度十分尊敬他，也對他很有好感。譚天度還清楚記得，最後兩人促膝長談到忘了時間，陳延年還親自下廚招待他，再繼續徹夜長談。

幸好如此卓越的領導者因緣巧合離開廣州，才得以免遭蔣介石的追擊，留下一條命。這是多麼令人慶幸啊！譚天度的內心一陣振奮。

「廣東的狀況如何？」陳延年一如往常，以沉穩的口氣問著。

「幾乎全毀壞了。許多同志都犧牲了，黨員同志也聯絡不到。」

「是嗎？上海也是一樣，但是，要革命就免不了犧牲。流血是無法避免的，更不能怕死。如此一來，蔣介石的本性就眾所皆知了，這次的犧牲也是我們還未成熟的結果，是一個大大鍛鍊我們的機會。」

「事實上，我到上海以後，還遇到兩個面熟的同志，但是我一叫喚，他們都裝作不認識我，掉頭就走。為什麼呢？」聽到譚天度說的話，陳延年大聲笑了起來。

「你還以為，現在的狀況和以前一樣啊？敵人為了要將我們一網打盡，個個都拚了命。在如今這個白色恐怖橫行的城鎮，對我們來說，最重要的就是潛伏起來，蓄積力氣，擬定長期計畫，總有一天會東山再起。所以，各位同志盡量不要走在一起，在路上遇到也要裝作不認識，還得必須注意是否有人跟蹤。」

譚天度對自己的粗心感到有些丟臉，點頭說：「我知道了，以後我會注意。那麼，請告訴我今後的指示。」

「要待在上海也可以，不過大概不太可能進行什麼活動。不如去武漢的共產黨中央等候指示，接新任務還比較好。」

譚天度聽從他的建議，第二天就立刻前往武漢。

抵達武漢時，正是五月下旬。譚平山、彭湃、鄧中夏等舊識同志都在那兒。當他知道為了對抗蔣介石發起的反共政變，**眼下正在計畫（南昌）武裝起義，便提出想要立刻參加的想法**。（編按：國民黨仍稱為「南昌暴動」。）

▲彭湃——留日的地主之子，毛澤東稱他為「農民運動大王」。

幾天後，上海傳來緊急消息，說陳延年遭到逮捕，已經身亡了。警方一開始並不知道他是誰，只是把他關在監獄裡，但是與陳延年的父親陳獨秀相識的吳稚暉（注音符號發明者，國民黨極右派，清黨倡議人之一），偶然間來到監獄發現了他，就向上通報。陳延年經過拷問之後，最後遭到殺害。

譚天度心頭一揪，滿腔思緒湧上，眼淚便湧了出來。就在幾天以前，陳延年才這麼說著：「要革命就免不了犧牲。流血是無法避免的……。」

譚天度在口中喃喃念著好幾次，細細咀嚼他的話語。

共產黨創黨人——陳公博脫離共產黨

譚天度在武漢與陳公博會面，也是在這個時候。

雖然分隔數年再度相聚，譚天度還是像在廣東的時候一樣，學譚平山叫他「猛野」，兩人不停聊著自從分別以來所發生的事。

陳公博已經離開共產黨了。一九二一年，他前往美國留學，在哥倫比亞大學攻讀經濟學碩士，一九二五年歸國。不過，關於留學的理由，他在著作《我與共產黨》

中，是這麼說的：

「我喜歡求『知』，不喜歡『盲從』。雖然我自己是共產黨員，也身為廣東共產黨的一員，但共產黨的理論都只是辯證法、唯物史觀、階級鬥爭、剩餘價值說等專有名詞的宣傳而已。要知道這些語詞到底從何而來，又具有什麼意義，光是讀一本馬克思還不夠。有好多問題我都沒辦法徹底了解，就算偶爾詢問陳獨秀，他也沒辦法回答我。

「而且，當時我還是廣東省立宣講員養成所的所長，所以缺少經濟學老師的時候，我只能自己兼任，就算有疑問，既沒有人可以請教，也沒有課本，學問越來越差，到最後只有一知半解。而要研究經濟，就必須從亞當・斯密（Adam Smith）的《國富論》（*The Wealth of Nations*）開始……。」

所幸他的英語還可以溝通，而在北京大學時期也曾有半工半讀經驗，所以陳公博認為還是美國最適合留學，於是便去和陳獨秀討論，也獲得陳獨秀的首肯。

然而，關於陳公博脫離共產黨的原因，中國共產黨和陳公博的說法卻有很大的差異。中國共產黨的主張如下：

「廣東軍閥陳炯明發動政變、背叛孫中山的時候，陳公博在《廣東群報》上寫了擁護陳炯明的文章，而遭到共產黨中央責備，命令他前往蘇聯學習，作為懲罰。但因其不遵從命令，而遭到除名處分。」

但是，陳公博自己的看法卻不相同。他說：「是黨除名？還是我捨棄黨？這就像是沒有最終判決的審判理由一樣。」

根據《我與共產黨》內容：

「（留學後）一回到廣州，突然遇到植棠，那時我才知道共產黨對我做出開除的處分。他也因為支持我（留學）的嫌疑，而遭到開除，不過似乎很快就恢復黨籍了。

「知道我為何離黨的，只有仲甫（陳獨秀）、平山、植棠，而間接知道的人只有張太雷。我從來沒有和仲甫在廣東共產黨的（任何公開）場合上，討論過那件事（指留學）。」

從陳公博直來直往的個性來看，或許把開除的處分，想成是單純基於對「知」的探索心較強的個人理由，而自己離開共產黨比較好。

在哥倫比亞大學碩士課程中學習經濟學的他，雖然碩士論文已經通過，但之所以等不及正式畢業就回國，是因為仰賴的留學經費——廣東省教育委員會的獎學金——完全沒有下來，所以付不出學費。

順帶一提，他的碩士論文題目是〈共產主義運動在中國〉（*The Communist Movement in China*），雖然是寫於一九二四年一月，但前一章所介紹的〈中國共產黨第一回黨大會綱領〉首次被世界發現的，就是這篇碩士論文的一部分。

幫陳公博出回國旅費的，就是國民黨左派領袖廖仲愷所介紹的汪兆銘。

在留學之前，陳公博曾數度與汪兆銘接觸，他表示「我對他既高潔又卓越的外交手腕感到讚嘆，我十分尊敬他」。一九二五年，陳公博回國的時候，廖仲愷已經遭到刺客暗殺，一般認為是蔣介石所屬的右派下的毒手。而強烈請求當時身為廣東中山大學校長的陳公博，擔任武漢國民政府中央政治委員會常務委員的，就是汪兆銘。

「尊敬的人身陷困境，前來請求我幫助他。一想到他（汪兆銘）的困境，我怎麼能拒絕他呢？雖然**我原本就無法從（國民黨）左派政權看到希望，但這是男人和男人訂下的約定，我決定把命交給他。**」

這是後來某個聽到陳公博喃喃自語的人，告訴我的事。

說起來，離開共產黨、擔任國民黨領導的陳公博，與一心待在共產黨中的譚天度，兩人實際上已經分道揚鑣了。

兩人在武漢市中心站著聊了一會兒，不過因為氣氛變得有些不愉快，於是就直接告別了。

廣東共產黨組織的另一個創始人譚植棠，透過「國共合作」的關係，而擔任國民黨廣東省共產黨分部組織部祕書，幫助當時的部長、同時也是共產黨員的楊匏安，努力擴大共產黨的勢力。

譚植棠在一九二七年春天因為罹患結核，住進廣州市內的醫院。「四一二清黨」

發生時，他因為住在隔離病房，驚險逃過一劫，沒多久以後他就回到故鄉高明縣，專心休養。

譚天度一直到後來，才獲悉譚植棠的消息。

遭史達林定罪的陳獨秀

位居中國內陸盆地地形的武漢，自然環境酷熱，俗稱「盛夏的火爐」；加上緊繃的政治情勢，讓這個夏天更加炎熱。

在譚天度抵達的數週以前，大約是五月中旬。原本跟隨汪兆銘武漢國民政府的軍閥夏斗寅和許克祥發動叛變，響應蔣介石清黨，使得左派的武漢國民政府勢力大幅削弱，武漢國民政府只掌握了三分之一的中國。因為為數眾多的軍閥橫行跋扈，使得孫中山的心願與遺志——對北方發動軍事遠征的「北伐」也未能徹底實現。（編按：夏斗寅在大陸易幟時，本來要投入共黨，但因當年事件而轉逃香港，在六國飯店前幫人看相為生。）

此外，蘇聯的史達林則將蔣介石視為中國的繼承者，錯估了突然引爆的反共政變，害怕遭到共產國際內部批判。史達林出席了於一九二七年五月十八日起，在莫斯科召開的共產國際第八屆執行委員總會，他努力為自己辯護，死守主導權，建立強硬的對中政策，並以此政策為基礎，發送命令給中國共產黨。這項極機密指令因為是在五月發出的，後來的人也將其稱為「五月指示」。

五月指示的內容主要如下：「堅決實行土地革命」、「必須與中、下階級組成聯合戰線，沒收土地的對象僅限大地主與中地主」、「把工農運動的領導送進國民黨中高層」、「動員兩萬共產黨員與兩湖地區五萬革命工農，組建自己的軍隊」、「成立以國民黨領袖為首的革命軍事法庭，懲罰反動軍官」等，每一項都和中國當時的狀況相去甚遠。

自陳獨秀以下的中國共產黨領導人，都對指示的內容感到驚訝，雖然進行了多次激烈的討論，卻還是無法接受。因事態演變不如預期而勃然大怒的史達林，將陳獨秀以「投機主義」的罪名定罪，並下令組織新的執行部，依照共產主義的命令行動。

七月十二日，共產黨中央對陳獨秀處以停職處分，並由張國燾、李維漢、周恩來、李立三、張太雷等人組成臨時常務委員會。

七月十五日，武漢國民政府的軍事要人馮玉祥背叛蔣介石，而左派國民政府的主席汪兆銘則被迫加入「反共」的行動。中國共產黨頻頻發動並指揮農民革命以及勞資對立，因此武漢國民政府的財政已經陷入破產狀態。汪兆銘煩惱了一個月，最後決定和共產黨分道揚鑣，採取比反共稍微低調的「分共」，也就是將共產黨員自國民黨中除名的政策。為了實現國民革命，孫中山所施行的國共合作，至此決裂。

八一建軍！共產黨南昌「起義」

被逼到盡頭的中國共產黨，正縝密的計畫武裝起義。

新成立的最高機構「臨時常務委員會」，將據點設在漢口，執行部隊周恩來、譚平山、李立三、葉挺、聶榮臻等人則在南昌近郊的九江，一邊演練作戰，一邊請求人在廬山的瞿秋白（時任中國共產黨中央委員會總書記），以及共產國際的代表鮑羅廷的指示。

▲南昌起義總指揮葉挺。

▲1914年先加入中華革命黨的賀龍，南昌起義後加入中共。

然而，來自共產國際的史達林等人的書信中，卻要他們再度研討武裝起義的事。

臨時常務委員會將張國燾以黨中央代表的身分，派往南昌的執行部隊，徹底確認、研判武裝起義的準備狀況。

譚天度因為過度勞累，發高燒而在廬山休息幾天，等他到了南昌，已經是七月二十九日了。葉挺的第二十四軍和賀龍的第二十軍，都持續在南昌集結。總人數約兩萬人的部隊，都是國民政府所進行的軍事遠征「北伐」的國民革命軍，也就是國民黨親共派的軍隊。

七月十三日，抵達南昌的張國燾，召集周恩來、譚平山、李立三（一九三〇年出任中共中央祕書長，成為中共實際領導人，當時總書記向忠發為掛名）、彭湃、葉挺等人召開會議，沒多久就演變為激烈的爭論。

張國燾傳達黨中央命令的同時，也展示共產國際的史達林所寄達的書信，告訴大家如果沒辦法攏絡國民黨軍的張發奎，就沒有勝算，得中止武裝起義。此外，他也懷疑來自國民黨的賀龍的政治思想。

從廣東時代就了解賀龍為人的譚平山做了以下說明：「關於賀龍的政治思想，我可以保證。這次的武裝起義軍力總數有兩萬多人，其中光是賀龍的第二十軍就擁有八千人，也是最大的部隊。如果他不參加的話，武裝起義就不會成功。」

「既然你這麼說，平山，你就得負全責。還有，把你起草的誓師宣言讓我看看。我要修改，在修改完以前，我不會公布誓師宣言！」

針對張國燾高壓的口氣，譚平山也表示反對：「你到底是贊成我們？還是反對我們？憑什麼宣言還得經過你修改，才可以公布！」

會議沒有交集，原本預定三十日發動的武裝起義也延期了。第二天會議雖然繼續進行，但**張國燾依舊強硬主張起義準備不夠，應該再度研擬**。

周恩來著急了起來，大喊著說：「共產國際代表和黨中央交付給我的任務，是發動武裝起義。如果現在又給你『再研擬』的命令，責任就不在我了。現在立刻回到臨時常務委員會所在的漢口去！」

其他同志也異口同聲的大聲怒吼：「國燾！你不要頂著共產國際的光環狐假虎威，自以為了不起就胡作非為了。現在是非常時期，不須任何事都向上級請示吧！」

然而，張國燾一點也聽不進去，態度絲毫不退讓：「如果決定要誓師的話，我就一定要修改誓師宣言。現在立刻拿給我！今晚還有一個晚上的時間。如果不這麼做，我就不讓你們誓師。」

譚平山提出了反駁：「目前每一分一秒都很重要。如果你一定要修改，就在下午好好改完！」

「這樣的話，我可不負責。一切隨你們吧！」張國燾丟下這一句話，就打算離開。稍微恢復冷靜的周恩來一副勸慰的態度，告訴張國燾說：「這樣的話……誓師宣言就由我來重新看過吧。」

譚平山從嘴裡冒出一句：「混蛋。」

激烈交手辯論的結果，暫師日最後定在八月一日早晨四點。

會後，譚平山對護衛的衛兵說了這麼一段話：「終於決定暫師日了。現在的狀況一刻也不容猶豫。如果再這樣延期下去，武裝起義就會無疾而終了。**如果張國燾還滿腹牢騷、說個不停，我就把那傢伙綁起來殺了！**」

而譚天度全程目擊兩人激烈交手的整個過程。

共產黨搞革命，卻高舉「國民黨」大旗

在一九八〇年代實施的歷史調查中，譚天度為當時的談話提供了詳細證詞；不過，記憶中最鮮明的，還是當時幹部們的激辯，而且這次的激辯竟演變為龐大的禍害，降臨在譚平山的身上。關於這一點，將稍後敘述，不過，譚天度自己也一點都不

喜歡張國燾，倒是千真萬確。

譚天度和張國燾是一九二三年在廣東認識的。張國燾既傲慢、指揮欲又很強，常常在黨內製造派系，所以有不少同志都對他十分反彈。

▲留學法國、娶了俄國妻子的李立三，是工運領袖。

▲惲代英——從黃埔軍校開始就是周恩來的得力助手。

譚天度認為，張國燾平常就仗著自己在南昌身為黨代表的地位，擺出高壓的態度，因此黨內同志對他早有積怨。會議中受人厭惡的張國燾，之後就不太開口說話，不是一個人喃喃自語，就是對身旁的護衛兵發脾氣。

誓師的時間一決定，便設置**以周恩來、李立三、惲代英、彭湃四人為代表的最高指揮機構「前敵委員會」（簡稱前委），由周恩來擔任最高領導者。**

當天夜裡，傳來緊急訊息，通報出現叛逃者。後來查明，似乎是與未加入武裝起義的國民黨軍張發奎聯繫的人所搞的鬼。周恩來急忙提前誓師的時間，下達即刻行動的命令。但是，這樣就如同無視史達林所發出的「再研擬」命令。

八月一日凌晨兩點，武裝起義軍終於行動。他們對駐紮在南昌的國民政府軍四個師團發動奇襲，將其解除武裝後，又襲擊江西省立銀行，奪走現金一百七十多萬元，接收了南昌市。其後，直接成立「國民黨革命委員會」，作為直接對外的機關。

之所以要高舉國民黨的名號，是為了表明持續執行國共合作的心願；貫徹「國民革命」的意志，以拉攏一般民眾的支持。

在此同時，其實大部分的武裝起義軍的重要人士，原本就是國民黨的士兵，所以也是為了和他們緊密的協調。

國民黨革命委員會公布了委員名冊，總共由國共兩黨共二十五名黨員組成。此外，作為最高指揮機關，由鄧演達（國民黨左派）、

▲朱德——十大元帥之首。

▲劉伯承——外號「軍神」。

賀龍、譚平山，也包括了滯留蘇聯的孫中山夫人宋慶齡等七人組織主席團，**由譚平山擔任如同最高領導者的「代理主席」職位**。之所以用「代理」，是因為在非常時期，沒有時間舉辦選舉的緣故。不過，不論是在國民黨或共產黨，譚平山的名號都很響亮，所以對於他就任代理主席，沒有人有任何異議。

如果說，前敵委員會是負責共產黨內部的調和工作，那麼國民黨革命委員會就是負責對外的外交和宣傳任務。這時，譚平山四十一歲，正值壯年，而周恩來則是二十九歲的青年。

當時即將年滿三十四歲的毛澤東，並未加入南昌起義。毛澤東接到臨時常務委員會的命令，正在長沙如火如荼的研擬另一個武裝起義計畫。

南昌起義軍大致可以分為「軍隊」和「機構」。「軍隊」的最高指揮機關是軍事參謀團，齊聚了賀龍、朱德、葉挺、劉伯承等，後來毛澤東在一九五五年稱他們是中國共產黨「十大元帥」（編按：十大元帥參加南昌起義的有朱德、賀龍、劉伯承、聶榮臻、陳毅、林彪、葉劍英七人，葉挺逝於一九四六年且退黨，並非十大元帥之一），率領了總計兩萬人的軍隊。

從廣東前來參加的「北江工農自衛隊」，是唯一一支共產黨自己的軍隊。他們是在四一二清黨後沒多久，於廣東省郊外的北江周邊地區組織的勞工與農民部隊，總數大約兩千多人。要稱這個團體為軍隊是有些靠不住，在四一二清黨後，他們本來打算單獨攻進廣州，但因為實力太過弱小，便與國民黨左派率領的國民革命軍一起北上，加入南昌的武裝革命，期待可以找到機會反攻廣東。

而在「機構」中，一共設立了八個下層組織。最大的組織是「政治保衛處」。這個模仿蘇聯設立的政治保衛處，擁有極大的權力。處長是李立三，而譚天度則被派任為祕書。李立三因為同時也是前敵委員會的成員，十分忙碌，因此實質上譚天度是以代理處長的身分，處理所有工作。

政治保衛處底下設置三個先鋒部隊，除了第一科（偵查敵情和蒐集情報）和第二科（群眾運動與糧食調度）之外，還設置了「特務隊」，專門負責擔任幹部的隨身護衛、鎮壓反革命、以及為武裝起義軍殿後，負責擊退敵人追擊。

會昌之戰，葉挺威震天下

剛接收南昌不久的武裝起義軍，接獲一道緊急情報：張發奎率領的國民政府軍已經發動軍隊，打算奪回南昌。張發奎雖沒有明確表示反共的態度，但如果真的爆發戰爭，毋庸置疑，南昌一定會被擁有壓倒性兵力的張發奎軍隊壓制。

八月三日，武裝起義軍放棄南昌，決定以廣東為目標。

首先，以朱德率領的第九軍和蔡廷鍇（蔡後來因一二八事變英勇抗日而成名將，文革時期未受迫害）率領的第十一軍第十師團為先遣部隊，先行出發。八月四日，葉挺的第十一軍第二十四師團和第二十五師團也相繼出發。沒多久就有緊急情報傳來，通報蔡廷鍇帶著四千名士兵逃走了。全軍一片譁然。

直到誓師起義發動之前，的確流傳著蔡不能相信的消息。當時似乎連賀龍都說：「把蔡拘禁或是驅逐都是理所當然。」

南昌起義路線圖

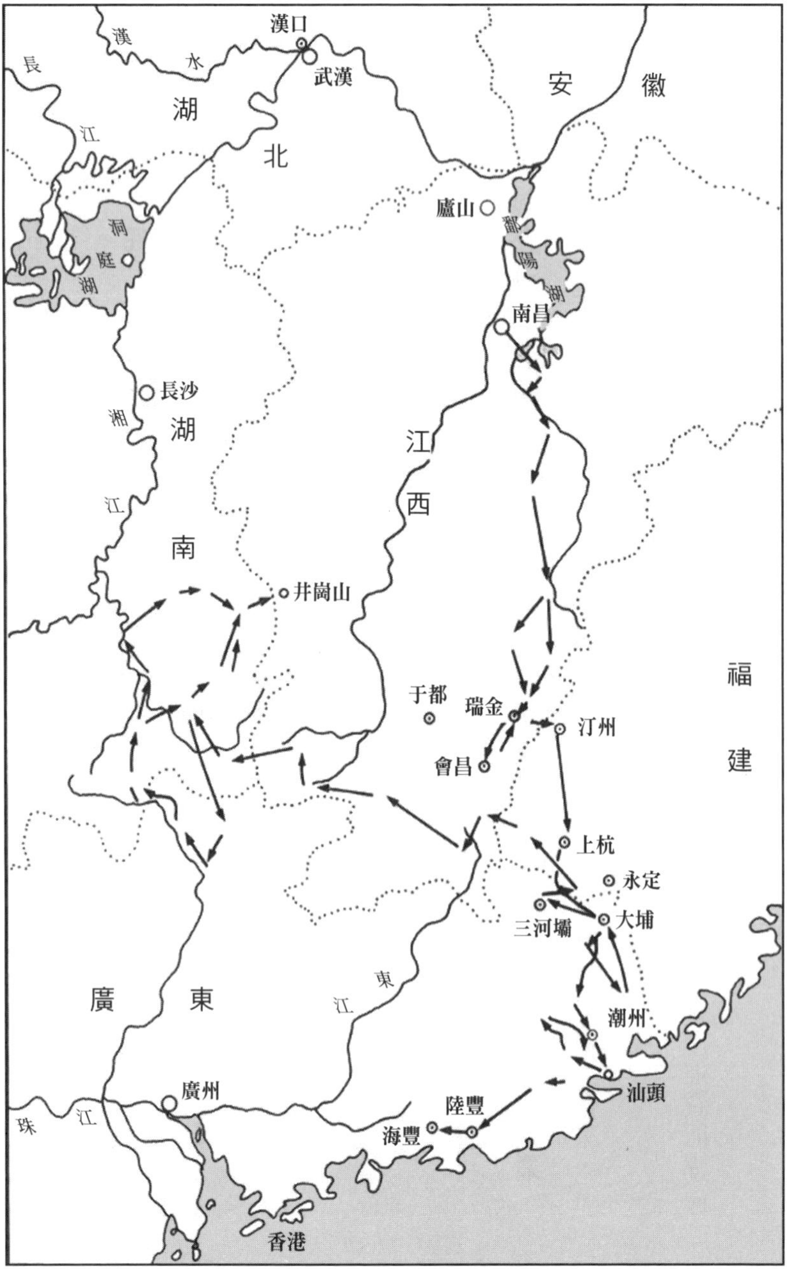
漢口
武漢
漢
水
長
江
湖
北
安
徽
洞
庭
湖
廬山
鄱
陽
湖
南昌
長沙
湘
江
湖
南
江
西
井崗山
福
建
于都
瑞金
汀州
會昌
上杭
永定
三河壩
大埔
潮州
汕頭
廣
東
東
江
廣州
珠
江
陸豐
海豐
香港

但是，因為葉挺信任蔡，所以前敵委員會也沒有很嚴格的看管他。蔡雖然以先遣部隊的身分出發，但因為擁有大約十倍於朱德的兵力，所以朱德雖然親眼目睹蔡逃亡，卻無法完全阻止。其後沒多久，葉挺便感到責任在己而鬱悶不已。

譚天度和政治保衛處第一科作為先遣部隊一起出發。在八月五日便早於全軍出發，抵達預計進軍的城鎮，偵測敵情，動員民眾準備歡迎儀式，並接收民房整理成駐紮地。之後便蒐集、整理情報，選擇重要的部分製作成報告書，送達前敵委員會。若是要在前敵委員會召開作戰會議，就由李立三進行大致上的報告，再由譚天度補充具體情況。

八月二十六日早晨，賀龍指揮的左路縱隊第二十軍，在壬田市（現為江西省贛州市瑞金市壬田鎮）與國民黨軍隊發生激烈交戰，驅逐了敵方大軍錢大鈞部隊。其後與葉挺率領的右路縱隊第十一軍會合，於下午進入瑞金。

在瑞金得到數量十分龐大的敵方文書。敵方右路軍的錢大鈞部隊位於會昌（現為江西省贛州市會昌縣，緊鄰瑞金市南方），中路軍的黃紹紘部隊位於于都（現為江西省贛州市于都縣，緊鄰瑞金市西方）。前敵委員會與軍事參謀團擬定了兩個戰略，並相互討論，最後選擇殲滅會昌的敵軍。他們擬定的戰略是，首先由葉挺率領第二十四師團與第二十五師團發動攻擊，朱德在會昌的城外北方提供支援，而賀龍的總預備軍則在瑞金待命，準備夾擊逃竄過來的敵軍。

八月三十日早上六點，葉挺率領第二十四師團對會昌發動攻擊。但沒多久，他們就發覺第二十五師團還沒有抵達預定地點。第二十四團孤身處在敵方大軍的正中央。如果敵軍繞到後方，就會被完全包圍。

但葉挺依舊保持冷靜，他一方面在前線指揮，一方面派遣一名參謀迎接第二十五師團，迅速引導他們抵達預定地點。當葉挺知道第二十五師團已經平安抵達，便立刻按照計畫，一口氣攻入會昌。

下午五點，他們攻陷會昌，翌日，更打敗敵方從于都趕來增援的黃紹紘部隊。在會昌一戰中，武裝起義軍總共擊退了四個師團，俘虜了九百人。自南昌出發以來，這一戰是首次取得的輝煌勝利。

原廣東區委指導者惲代英，十分感慨的說：「這就是百戰磨鍊，如此一來『鐵軍』就會得到鍛鍊，升格為『鋼軍』了……。」

葉挺率領的武裝起義軍第十一軍，繼承了北伐時代的國民革命軍第四軍，但眾所周知，國民革命軍第四軍的士兵都很精壯，是一支以「鐵軍」稱號著稱、令人畏懼的部隊。

（編按：葉挺曾因受到李立三的指責退出共產黨，流亡歐洲，以翻譯德文維生。抗日時，出任國民革命軍新編第四軍軍長，率部粉碎日軍對皖南的掃蕩，得到蔣介石致電嘉獎。一九三九年，葉挺以違令罪名，處死新四軍第四支隊司令員兼中共政治委員高敬亭，瞞過新四軍實際領導人項英和延安的中共黨中央，這個事件使葉挺喪失新四軍指揮權。一九四六年三月四日，葉挺參加國共談判，搭乘美軍的飛機由重慶回延安途中失事身亡。後被追認為中共黨員。）

南昌起義後，譚平山失勢

「在瑞金、會昌一戰勝利之後，就應該趁勝追擊，進攻廣東。如此一來就可以給予敵軍致命性的大打擊，說不定還可以勢如破竹的進攻。但是，我們卻沒有這麼做。無法完整掌握敵情，情報錯綜複雜、無法當機立斷，最主要的還是缺乏率領大型部隊的戰鬥經驗。」譚天度以一副十分惋惜的口吻，說著七十年前的作戰。

九月二日，武裝起義軍並沒有直取廣州，而是在江西省與福建省的縣境迂迴前進，進入汀州，其後南下前往上杭。他們在汀州與上杭兩度召開會議，會議的主要議題，是革命政權的建立與組織化、土地政策、財政政策、還有奪取東江地區的計畫。

在抵達瑞金的階段，**張發奎部隊奪回了南昌市，並宣告「反共」**，因此國民黨與共產黨大聯合的可能性幾乎是零。而武裝起義軍的對外稱呼、以國民革命為目標的國民黨革命委員會，也已經失去意義了。前敵委員會也決定今後的方針，將更改為高舉以共產革命為目標的「工農政權」旗幟，取代國民革命。

然而，汀州會議的結果卻天差地遠。從南下的途中開始，前敵委員會的會議逐漸擴大，大多數的出席者都各自提出建言。若是考量到脆弱的武裝起義軍的實際狀況，為了要暫時從列強各國的攻擊中自保，並招募志同道合的人，就**不應該使用可能招致輿論反感的「工農政權」，而是應該繼續沿用「國民黨」的名稱，或許才是上**

策。這種意見也占了大多數。而譚平山也再度被推舉為最高負責人。

關於「土地政策」，雖然決議「沒收所有的土地，再分配給耕種者」，但因為第二天就收到一封來自新創設於香港的廣東省委員會的文書，明示「只限沒收三十畝到五十畝以上的土地」，不得已只好變更決議了。再者，拿史達林的「五月指示」當擋箭牌的張國燾，更強硬主張「應該只限沒收五十畝以上的大地主土地」，使得當初決議的主要部分都遭到刪除。

奪取東江地區的作戰，是當時最重要的決議。

如果占領了位在廣東沿海地區的東江區域，就可以方便進行海上運輸，也可以期待共產國際提供武器與彈藥的援助。起義軍的資金與糧食的調度已經極為困難，財政也一直瀕臨危機。雖然能夠在福建南部施行土地政策，驅逐土豪地主，並沒收其資產；但即便如此，就收入面來說依舊是杯水車薪、無濟於事。奪取東江地區，已經成了生死存亡的問題了。討論到最後，分成兩派執行擬定進攻作戰。

九月的廣州正值盛夏。起義軍沉默的走在路上，彷彿燃燒的太陽從頭上壓下。國民黨軍隊的追擊毫不手軟，所到之處都遭受波狀攻擊（連續好幾次持續攻擊），戰鬥頻繁的重複，一刻也不歇息。或許是敵人的宣傳與脅迫作祟，武裝起義軍所到的每個村莊，村民都已經逃離了。在這些宛如空殼一般的村莊，也無法取得任何食物。

路途上屢次遭到埋伏，又不知該往哪裡逃；想繞過預定的路線，又覺得白費功夫。他們有時突襲山賊的巢穴搶奪食物，或是吃果實充飢，但空腹是難以忍受的，又會引發疲勞感。面對裝備了美國近代武器的國民黨軍隊，無論是槍枝或糧食都不足的武裝起義軍，在各地都遭逢敗北，傷兵不斷出現。

九月中旬，千辛萬苦依照預定計畫，進入廣東省大埔縣的三河壩，部隊立刻分成兩支。朱德、陳毅等人所率領的兩千五百人部隊留在三河壩的河濱地，擋住敵人。七千人的主力部隊由周恩來、葉挺、賀龍等人率領，持續南下，往潮州、汕頭前進。譚天度則是隸屬南下的主力部隊。

主力部隊於九月二十四日從潮州抵達汕頭，設置革命政府。部隊又在這裡分成兩支，讓人數約一千名的士兵屯駐汕頭後，賀龍和葉挺繼續帶著六千人的部隊前進。

兩天後，來自香港的張太雷，為了傳達共產黨中央——臨時常務委員會的新政策，抵達了譚天度所在的汕頭。

從南昌出發以來，一邊在廣大的中國移動，並持續戰鬥的武裝起義軍，長時間與黨中央遙遠相隔，陷入失聯的狀態，因此領導們都會集體出席傳達會議。

出身江蘇省的張太雷，過去曾經擔任共產國際代表鮑羅廷的翻譯，也曾從事《人民週報》的編輯，這時共產黨廣東省委員會已經在香港成立，廣東全境都在進行武裝起義的計畫。東江地區是農民暴動頻仍的區域，也成立了數個共產黨支持派的「工農革命委員會」。張太雷向黨中央傳達了意見：「與南昌來的武裝起義軍同心協力，與廣東全省的起義會合，是我們的使命。」

新政策是根據八月七日在共產國際指導下，召開的緊急會議「八七會議」的精神為基礎所制定。以新政策為根基，在汕頭創設中國共產黨中央南方局。

但是，出席者一知道黨中央指名張國燾擔任南方局的書記時，所有人都發出極度不滿的聲音，也爆發出對張國燾的激烈批判。最終，張國燾因為全員反對而退出，由張太雷就任南方局的書記，而張國燾則和周恩來、彭湃、李立三一起擔任委員，騷動才終於平息。

立基於「八七會議」的精神，武裝起義軍今後便**捨棄了以「國民革命」為目標**

的「國民革命軍」的稱號，**改以共產黨自己的「工農紅軍」為稱號，決意建立「蘇維埃政權」。此後的方針也大大轉向**，改以徹底沒收一切土地的「土地革命」為主。隨之而來的消息，則是**譚平山遭到替換**，被派往蘇聯學習作為懲罰；至於**最高領導者改由周恩來就任**。

對於在汕頭的南昌起義軍來說，這是極大的方針轉變。大家都對突如其來的新方針感到詫異、困惑，思索到底應該怎麼修正軌道而不知所措。

這段時間內，敵軍反擊的氣勢也不斷增加。在會昌大敗的國民黨錢大鈞部隊和黃紹紘部隊，獲得了廣東陳濟棠三個師團的增援，企圖捲土重來。而武裝起義軍因為被區分為三個集團，戰力顯著削弱，在三個戰場被迫面臨苦戰。

九月二十八日，葉挺、賀龍率領的六千人主力部隊，與陳濟棠率領的一萬五千名大軍對決，持續了整整兩天的激烈交戰，最後死傷人數達到兩千名，不得已只好撤退。一直停留在三河壩、擁有兩千五百多人的朱德部隊，與錢大鈞的三千人部隊持續死鬥了三天三夜，奮戰到最後的結果卻還是敗北。

十月一日，在汕頭設置革命政府並屯駐當地的一千人，受到從潮州逼近的黃紹紘九千人部隊所迫，遭到水陸兩面的夾擊，雖然他們嘗試拚死抵抗，但最後還是支撐不住，最後只好放棄汕頭。譚天度所在的政治保衛處為了阻止敵人的追擊，被部署在撤退部隊的最後方。

國民黨不斷追擊，周恩來逃往香港

凌晨，李立三對著政治保衛處辦公室裡的譚天度說：「最好隨時做好可以出發的準備。」接著，他便外出偵查逼近市區的敵人狀況。

沒多久，就聽到尖銳的槍聲。從二樓的窗戶往外一看，敵人已經逼近建築物的正下方。譚天度從窗戶探出身子，沿著排水管溜到地面。

「喂！你看！有一大堆錢耶！」他聽到衝進二樓辦公室的敵軍發出驚呼，還聽到緊抓銀幣的聲音。

譚天度確認附近看不見敵人的蹤影後，便穿過草叢，鑽進隔壁的寺廟，躲在大佛像的身後。一會兒，槍聲漸遠。他從佛像身後爬了出來，拍去身上的塵土，此時寺廟的住持走了進來。驚訝的住持兩手合十，唸了聲「南無阿彌陀佛」後，便對他說：「圍著紅色領巾的人，和沒圍領巾的人，都已經走了。佛祖保佑啊！」

那些「圍著紅色領巾的人」，就是指武裝起義軍。

譚天度慎重的向住持行禮後出了寺院，就一溜煙的往槍聲傳來的反方向逃去。他一邊跑，一邊為丟下重要的軍費而數度感到懊悔。他一路奔跑，最後跑進一個小村莊。當他躲進小窄巷裡以後，已經筋疲力竭，動彈不得了。他連爬帶走的走在窄巷裡，挨家挨戶的敲門，但是每戶人家都緊閉門窗，不肯開門。

在小窄巷裡走了二、三十公尺以後，就無路可去了。槍聲卻越來越大聲，譚天度本想翻牆而過，但身體卻重得像鉛塊一樣，無法隨心所欲。他使盡吃奶力氣，手指終於攀到牆壁上，不過爬到一半時，卻手臂一軟，整個人摔到地上，傷到腰部，就爬不起來了。

好不容易挺起上半身，耳邊卻響起「碰」的一聲，剛剛攀爬的牆上多了一個洞。他低下頭環顧四周，卻沒看見敵人的蹤影。看來似乎是敵人到處開槍威嚇而已。

窄巷的盡頭有個大水缸。他慢慢靠近水缸，把身體藏了進去。水缸裡的水只有一半，連頭都可以浸在水裡。

敵人似乎是大部隊，還可以聽見軍靴踩踏地面的聲音，他憋氣躲在水中，等待隊伍經過。敵人就算已經走過，他還是一直待在水缸裡。接著他耐心等待，直到太陽下山的時候，便把頭悶在水中，喝了一口水潤潤乾渴的喉嚨後，吸了口氣站了起來。

他一路往外逃，一直跑到遠離村子的地方，沒想到竟然撞見周恩來。

「喂！非武裝人員要立刻離開這裡。敵人都聚集在這兒啊！」周恩來上氣不接下氣的說著。

定眼一瞧，他紅著一張臉，就像被火光映照著，額頭上也掛著些許汗珠，看起來似乎正發著高燒。他因為還不適應地處副熱帶的廣東，似乎罹患了熱帶性瘧疾。

「我知道。剛才，我在村子裡突然碰到了一堆敵方大軍。」

「是嗎？平安無事就好。到前頭的普寧縣集合，小心一點，去吧！」

譚天度點點頭，就頭也不回的動身。

周恩來這時罹患的熱帶疾病，因為沒有治癒，導致後來罹患一些肝臟方面的疾病，而這也成了一直困擾他的老毛病。

譚天度抵達普寧縣的集合地點，李立三、賀龍、葉挺、譚平山等人和數十名武裝的士兵已經聚集在那兒了。周恩來則是隨後趕到，他紅著一張臉召集會議。這是前敵委員會、國民革命委員會、國民黨革命委員和軍事參謀團的聯合會議，他們決定讓數名國民黨左派的士兵離開當地。

這是以南昌起義軍之名，召開的最後一次會議。大家的表情都十分沉痛，周恩來總結至今為止的過程，口氣沉重的說：「所有的責任都在我。」

賀龍、葉挺則對打敗戰滿腹憤恨無處發洩，情緒激動的說：「要是能轉打游擊戰，總有一天一定也會要他們好看。」

「這麼一來太醒目了，我們分頭行事吧。下一個目標地點是陸豐縣。接著就在香港集合，迅速行動！」周恩來一邊喘著氣，一邊宣布會議結束。

之後，譚天度也是一個人行動。在抵達陸豐縣以前，還數度與周恩來相遇。葉挺、聶榮臻和汕頭區委書記充當周恩來的廣東話翻譯，一直跟著他；不過，周恩來的病情越來越惡化，大家看不過去，決定要在陸豐縣的農民幹部家裡休養幾天。

「我不要緊，你們先走吧。」周恩來催促著他們。於是譚天度等人便前往甲子港。當地的船只有幾艘，在李立三的指揮下，每次只有數個人乘船，趁黑夜航行。而譚天度則是和不熟識的士兵，乘上了最後一條船。

譚天度清楚記得，他們抵達香港的那一天是十月八日。彭湃等人則相繼抵達，就像是尾隨他們而來。而周恩來也在十月下旬，和葉挺、聶榮臻一起平安抵達香港。

「長征」造就了毛澤東

同一時刻，毛澤東於九月八日在長沙發動「秋收起義」，卻慘遭滑鐵盧，逃往位在江西省西部的井崗山。雖然有些山賊把井崗山周邊一帶當作自己的巢穴，不過毛澤東已先和山賊的首領拜過碼頭、稱兄道弟，而得以確保自己的棲身之所。

朱德則轉為游擊隊，和陳毅一起帶領殘存的部隊，在廣東、江西、湖南等地轉戰，一邊流浪。第二年，便抵達毛澤東所在的井崗山。而逃往香港的周恩來也先回到上海，再前往井崗山與他們會合。之後，賀龍也趕來會合。

逃進井崗山的共產黨集團持續躲在山裡。然而，蔣介石所發動的第一次到第四次「赤匪圍剿作戰」，也就是包圍共產黨、阻斷其糧食的作戰已經到了第四年，共黨集團也越來越撐不下去了。

在此期間，也在一九三一年九月爆發「柳條湖事件」（臺灣稱為「九一八事變」），翌年的一九三二年發生「上海事變」，日軍不斷進攻中國；不過蔣介石率領的國民黨，比起對日的抗戰，其實放了更多心力在討伐共產黨上。

第五次包圍共產黨作戰是從一九三三年開始實行，歷時一年。一九三四年十月，毛澤東、朱德、周恩來、賀龍等人最後打算捨棄井崗山，展開逃亡的旅程。沒多久，逃亡之旅就轉為以「朱毛紅軍」之名所展開的「長征」！

逃亡旅程的最初，共產黨的指揮權是掌握在以張聞天、秦邦憲為中心，稱作「二十八個布爾什維克」的親共產國際派，以及共產國際的顧問奧托・布勞恩（Otto Braun，中國姓名為李德）。不過，**隨著逃亡之旅的時間一長**，與國民黨的多次交戰中，**共產國際派的作戰屢次敗北，而毛澤東則巧妙利用中國山野的戰法並得以獲勝，**

漸漸獲得認同。有一說認為，毛澤東最愛的書是《三國志》，而他也參考了許多蜀國軍師諸葛孔明統一蜀國的戰略。一九三五年一月十五日，毛澤東在貴州遵義舉辦的會議上，從共產國際派手中奪得總指揮權，掌握全權。

「長征」歷經江西、福建、廣東、廣西、貴州、雲南、四川各省，最後到達陝西省延安的時候，發表長征結束的宣言；實際上的行軍距離，達到一萬兩千五百公里。其中，朱德的部隊是南昌起義軍當中，唯一一支生存下來的部隊。

以南昌起義的敗北為分水嶺，以知識分子為中心的中國共產黨領導，多數被掃蕩一空；經過「長征」的試煉後，中國共產黨也搖身一變，成為全身帶著土味的戰士之黨。隨著這次的長征，中國共產黨的動員對象，從勞工轉變為農民。

第四章

李立三的共黨，變成周恩來的香港

共產黨中央政治局開始擬定一個縝密的計畫，目的是規畫一條「祕密地下運輸路線」，全國各地的革命根據地，就可以透過總共六條細長的「紅色絲線」相互連結在一起。

南昌起義失敗的領導們，十月在香港召開總結會議。這是一場批鬥會，而遭到批鬥的主角則是譚平山。雖然他已經遭到撤換，決定處以送往蘇聯學習的懲罰，但與會者卻不准他出席，並實際判定他未出席。一邊聽著激烈的討論，譚天度當時一定想將這些人當作心中鬱積已久的發洩對象。只不過，單只是宣洩鬱積的憤怒，事情並不會結束。

一九二七年十一月，批判又更加擴大。瞿秋白、張太雷、李立三、周恩來等人出席的中國共產黨第六次全國代表大會擴大會議，共產國際的代表羅明那茲（Vissarion Lominadze）自始至終都掌握主導權，而他提案的《政治規律決議案》則獲得全會一致通過。所謂的「政治規律」，是蘇聯用以整肅失敗領導的手法。周恩來事後則是這麼表示：「我們當時對這項條款感到非常陌生。」

從這點似乎也反映出，**過去的中國共產黨並不存在「整肅」的概念**，這對他們來說是多麼的新鮮。從中也可以觀察出，喪失自信的黨中央成員，一發現可以立刻著手的工作，就飛奔向前，興高采烈的執行。

整肅：勝者對付敗者的拿手好戲

從此之後，中國共產黨就把「整肅」當作拿手好戲，每當權力鬥爭有了結果，就被勝利者拿來毫不留情的對付失敗者。該為南昌起義負責的周恩來、張國燾和李立三，在羅明那茲的提案下，受到輕微的處分，所有廣東省委員會的成員也受到警告處分。而在秋收起義中失敗的毛澤東，則是解除臨時中央政治局候補委員的職務。之後，**只有譚平山一個人遭到從中國共產黨「除名」的嚴厲懲罰**。

除名的理由是：「暗中與（國民黨左派）鄧演達等人聯絡，是在南昌暴動中宣傳組織第三黨的投機主義者。」關於何謂「第三黨」，將在之後的章節詳述；不過這個處分之重，想必連譚平山自己都驚愕不已。

在上海的他一接到「除名」通知，就立刻向中央提出請願，如果立刻恢復自己的黨籍，就會接受前往蘇聯學習的處罰。不過，黨中央並沒有接納。束手無策的他喃喃自語：「我嘗到了宛如在大海上失去羅盤的小船的痛苦。」

為什麼只有譚平山一個人，受到那麼嚴厲的懲罰呢？他被除名的理由，還有什麼其他的原因嗎？若是有其他原因，那會是值得「除名」的致命性因素嗎？

能解開這個疑問的一部分關鍵，是周恩來的發言。

周恩來在一九四四年三月，於延安的中央黨校所進行的〈關於黨的六大研究〉報告中，曾提到：「他**（譚平山）被開除黨籍的原因，是張國燾反對南昌起義，譚平山對一位師長說，張國燾若反對起義就把他殺掉**。當時我任前委書記，這位師長來徵求我的意見，我說黨內鬥爭不能這樣搞。後來有人把這事告訴了共產國際代表，共產國際代表就決定把譚平山開除了。今天看來，這個處分是不完全妥當的。如果給他別的處分或送他到莫斯科去，是會好些的。當然譚平山有錯，但張國燾也有錯。」

這或許就是一般人認為「除名」的真正理由嗎？不，聽起來太過不合理。在武裝起義開始之前的緊張會議中，發生激烈的辯論，大家你一句我一句的彼此交鋒，最後拋出的一句話，就被挑了出來彈劾，那麼這所謂的「除名」，簡直就像是小孩子打架一樣。

然而權力鬥爭，有時正是在難以置信的層次當中，才有可能發生的事。

李立三鬥垮譚平山

話雖如此，在周恩來的報告中提到的「一位師長」，指的到底是誰？此外，為了避免直呼其名而以「有人」來代稱的，又是怎麼樣的人物？為什麼周恩來要避免直呼其名呢？是不是某個不方便指名的重要人物呢？疑團越來越大。

根據譚天度的說法，周恩來報告中提到的「一位師長」，就是擔任譚平山護衛兵的第二十軍第三師團長周逸群。至於另外一個人，雖然連譚天度自己至今為止都未曾公開表示，但實際上，**周恩來避免指名的「有人」，其實就是李立三**。

提到李立三，過去在南昌起義時是政治保衛處的處長，譚天度曾經是他的祕書，所以李立三就是譚天度的直屬上司。這個李立三，就是與譚平山的除名處分息息相關的重要人物。若是思考周恩來避免指名，而在報告中以「那個人」稱呼的理由，或許是不想採取對已經失勢一段時間的李立三落井下石。

事實上，逼使譚平山受到除名處分，都是李立三的計謀。從廣東時代開始，譚平山和李立三兩人就水火不容。總結從譚天度那裡所聽到的證詞，大致如下所述。

理論派的李立三和行動派的譚平山，從廣東時代就處不來。南昌起義一失敗，李立三只覺得幸運，還遞交密告書給史達林，將起義之際譚平山的一言一行，真假摻半向上報告，提議將他除名。同時，他還教唆史達林的使者羅明那茲，讓他在黨中央擴大會議上對譚平山處以除名處分。總而言之，這就是「李立三陰謀論」。

據說，譚天度是在之後造訪上海時，才知道李立三的陰謀，不過或許他從以前開始就隱約注意到了。然而，就算他注意到了，以譚天度的身分也無法介入高層的權力鬥爭，而且他的個性又過於認真，根本無法做出任何干預行動。

譚平山和李立三不和的事，對我而言可是前所未聞。不過這兩個人在個性上有著明顯的差異，倒是顯而易見。李立三的性情似乎較激烈，是個野心家。他通曉社會主義理論，無人能出其右，在共產黨內部也是以理論家著稱，據說更是辯論的專家。他個人是對布爾什維克十分傾倒的共產國際派，也十分尊敬史達林。

另一方面，譚平山沉默寡言又木訥，是屬於行動勝於空談的類型。他富創意，也是魅力型領導者，不過他所領導的南昌起義卻以失敗告終，使得本身的超強魅力也隨之削弱（在中共文獻中，南昌起義領導人為周恩來，但如前所述，當時譚平山擔任最高指揮機關國民黨革命委員會主席）。

明明是共產黨員，卻胸懷自由主義

至於另一個原因，或許**對於共產國際來說，譚平山就是一個「不聽話的中國共產黨領導者」**。探究其原因，其實順序有些顛倒，在一九二六年於莫斯科召開的共產國際執委第七次擴大會議中，譚平山是唯一一個以中國共產黨代表的身分參加，在史達林面前，發表以下演說：

「中國革命就是：一、徹底脫離帝國主義；二、完全消滅半封建的軍閥制度，建立統一的革命政權；三、實行政治民主化。」

其後，他發表了包含「為了召集國民會議而鬥爭」在內的三個口號，又附加以下內容：

「根據這些口號，就能清楚體現所謂的政治民主化。支持、促進這項運動的組織已經普及全國。群眾不只要求全國代表參加統一的國民會議，也要求地方政權落實民主。他們還要求組織省、區議會。」

換句話說，中國人所強烈期望的，就是基於議會制的地方行政，與召開全國性的國民會議，並期待政治民主化的實現。

甚至，當他在進行「書面報告」的時候，提到創建組織以推動中國革命，他若無其事的介紹自己腦中的構想：

「若說到組織形式，我們所面對的問題，就是我們應該利用黨的形式？或是利用超黨派的形式？若是後者的形式也可行的話，我們就不需要國民黨，而是直接在共產黨的直接指導下，讓各種職業團體（農、工、商、學）的代表聯合會成立。若是我們要運用黨的組織形式，換句話說，我們的任務就是在現在的國民黨中，組織無產階級的指導與控制，是要消除國民黨與帝國主義的合作？或是排除國民黨，另外成立新的第三黨，如工農黨或聯合黨等就好了。」

換句話說，**譚平山認為，要把中國革命的最終目標，放在以國民議會為中心的政治民主化；而為了實現這個目標，只要在國民黨和共產黨之外，組織另一個黨——代表農民、勞工、商人、學生等階級的黨就好了**。

這是多麼具自由主義的想法，而且又是多麼穩健與民主的思維啊。這種想法到底是從何而來的呢？在此，我們得再度審視譚平山一路走來的人生。

青年時代的他，對孫中山十分崇拜，還投入辛亥革命，想藉由創設共產黨以開創新的時代。當國共合作一實現，就代表共產黨參與孫中山所率領的國民黨。不過，置身國民黨領導層的結果，只是讓他領悟到，國民黨是一個為軍閥和富裕階級利益辯護的黨。他曾經數度對身在上海的陳獨秀和共產黨中央，提出解除國共合作的要求，就是最佳證明；相反的，他自己也承擔了部分創設工作的共產黨，則是專門代表貧農和勞工的黨。而且當時的中國還只有這兩個組織，如此一來，再怎麼樣也不可能網羅全國人民。此外，要集合所有階級推動革命的話，至少還需要另一個將屬於中間階級的人們團結起來的政黨。他的想法正是如此。

譚平山是理想主義者。他放眼整個中國，擁有長期性的展望，也意圖開闢自己的道路。當共產黨穩固的時候，他就已經了解共產黨的極限，也開始思索要創設一個與共產黨相輔相成的新組織。就今天來看，他是一位卓越的謀士，就像一個對創設新企業感到欣喜的創業家。不過，在一九二六年這麼早期的時候，就在共產國際會議上提出這類具自由主義思維又穩健的想法，不得不說這是多麼不智。果不其然，他的意見並未被採納，第三黨的構想也遭到忽視。

共產國際和史達林此時恐怕已將譚平山視為「異類分子」，開始覺得他是妨礙了。隔年，也就是一九二七年，極具魅力的譚平山領導的南昌起義失敗時，史達林和共產國際一定認為，這是除掉這個「搗亂者」的絕佳機會。

以蔣介石所發起的掃除共產黨運動「四一二清黨」為契機，背後還有**共產國際企圖將中國的革命，轉變為更激烈路線的企圖**在作祟。

被除名後的譚平山，對於貿然走上激烈路線的中國共產黨抱持著危機感，還數度發表文章，持續提出警告。

譚平山的除名處分已經化為一股莫大的悔恨，悄悄留在周恩來的心中。之後，周恩來發揮驚人的忍耐力和執著，私下展開妥善的處理行動。

李立三的極左路線，讓共產黨更加潰敗

譚平山離開之後的共產黨，則是被李立三所主導的極左路線領導。他盲信共產國際的「革命還正高昂」主張，將強硬的「暴動革命」設立為大方針，接連不斷發出瘋狂的暴動指令。

一九二七年十二月，張太雷接到黨中央的「暴動革命」指令，準備展開進攻廣州的計畫。他帶著張發奎軍的指導團（速成軍）與勞工赤衛隊，在省城廣州引發暴動，建立「廣州公社」。不過三天後，他遭到蔣介石集結國民黨右派所有力量的猛烈反

擊，結果一下子就遭到鎮壓，全軍覆沒，簡直就是短命政權。共產國際把廣州公社的失敗，視為中國共產黨毫無領導力的證明，於是便整肅生存下來的領導。

以這件事為契機，全國各地所引發的暴動也一個個遭到鎮壓。在國民黨右派的壓倒性軍事力量下，既沒有近代化的武器，各都市之間也沒有相互合作，只是在各地引發單一暴動的共產黨，簡直就像打了就縮的打地鼠遊戲一樣，只是十分脆弱的存在。最後，所有大都市都在國民黨的統治之下，敗北的共產黨則被迫撤退到邊境地區。**共產國際錯誤的分析和魯莽的戰略，幾乎把共產黨導向自我滅亡的道路**。

南昌起義——共產黨版辛亥革命

以「革命的根據地」為榮、擁有自豪的輝煌傳統的廣東勢力，在孫中山提出的「國民革命」宣告結束的同時，也華麗的落幕了。而南昌起義，可說是廣東派的最後一戰。

在今天的中國，南昌起義被視為是中國共產黨首次以自己的軍隊戰鬥，而為人所紀念，也為共產黨史添上了輝煌的第一頁。八月一日，也是中國人民解放軍的「建軍紀念日」。其後，**軍人是否能獲選為「十大元帥」的必要條件，就是必須曾經參加過南昌起義。身為共產黨員的軍人，要是參與過南昌起義，就是最高的榮譽，也被視為一種勳章**。不過，其實只要仔細思考就會了解，中國共產黨在南昌起義中所打出的是「國民」革命委員會的名稱，所以應該是想維持與國民黨左派的國共合作，貫徹國民革命，當時應該以此為黨的重大方向才是。

當時的共產黨只是一個弱小的團體，打算一邊倚靠國民黨這棵「大樹」，一邊達到自己的目的。而中國共產黨既沒經驗也沒自信，表現得既幼稚又軟弱。與此同時，又被共產國際的光環所迷惑，一邊被朝令夕改的命令弄得東奔西跑，一邊展現出為了表現愚勇而遵從命令的悲哀姿態。然而，即便如此，**南昌起義是包含了繼承「國民革命」之意圖的武裝起義，這是歷史的真實**。

若是把視線聚焦在廣東這塊土地，這一點就顯得更為鮮明了。

首先，因為南昌起義的失敗，以廣東派為主體的原國民革命軍的精銳部隊，全軍覆沒。

第二，廣州公社的失敗，大量犧牲廣東派的最大革命主體——勞工，讓廣東燃起的勞工運動之火熄滅了。

第三，雖然身為中國共產黨的最高領導層，但廣東的共產黨組織卻因為譚平山的失勢，跟著失去實質上在黨中央的影響力。

換句話說，廣東派因為南昌起義與一連串的武裝起義，失去了軍隊、革命主體與廣東出身的共產黨領導等一切的根基了。

綜合以上所述的內容，**南昌起義與其說是中國共產黨的「光榮啟程」，倒不如視為是國民黨自孫中山以來所期望達到國民革命的「終結之所」**，才是歷史的流變中較為自然的定位。

而且，廣東的共產黨雖然在中國革命中扮演了重要的角色，但在共產黨中央與共產國際的指導下，付出了很大的代價。以一九二七年為分界，一直到今天為止，廣東共產黨一直都不曾再度復出，回到政治的舞臺上。

據點移往香港，設置「頭腦中樞中心」

而**失去廣東這塊基礎的共產黨，將據點移往香港**，設置了廣東省委員會。

香港是英國的殖民地。追根溯源，這是鴉片戰爭的結果，戰敗的清廷依據《南京條約》，於一八四二年將香港島割讓給英國；接著又因為一八六〇年的英法聯軍之役簽訂的《北京條約》，將九龍半島前端也割讓給英國。接著又在一八九八年，英國以香港、九龍兩割讓地的必要性為由，將九龍半島其餘部分的大多數新界地區，以九十九年為期限租借。如此一來，香港島、九龍半島前端以及新界等三個區域，就形成了英國的殖民地「香港」。共產黨則是打算在香港設置「頭腦中樞中心」，以方便遠距操作，對中國本土的前線傳達指令。

李立三自己代表黨中央挺進香港以後，就擔任廣東省委員會的書記。沒多久，便開始著手宣傳工作，創辦《針鋒》、《正義》週刊、《香港小日報》等共產黨宣傳媒體。他指名在南昌起義時期的部下譚天度，擔任專職的宣傳負責人。譚天度以「綠波書店」的經營者為掩護，創立共產黨的祕密地下基地。

另一方面，譚天度為了再度吸收從「四一二清黨」以來，從廣東逃往海外而失聯的黨員，便飛往亞洲各國，如新加坡、吉隆坡等地，設置共產黨分部；其目的在於創設宣傳主體，以獲取華僑的支援與資金。

李立三更創辦「飛行集會」，作為積極的宣傳戰略。所謂飛行集會，是街頭運動的一種。這種策略要在事前先決定場所和時間，之後以三、五個彼此裝作不認識的夥伴聚集街頭，並以鞭炮聲為暗號，一起發表煽動性演說、撒宣傳單，接著在被警察驅趕之前逃之夭夭。譚天度也曾數度參加這種活動。

在英國人的統轄之下，香港政廳對於治安的維持格外敏感，所以對飛行集會極度警戒。不僅增派員警、增加在市內巡邏的次數，只要幾個人在街頭站著說話，就會立刻命令他們解散。共產黨被視為極度激烈的危險分子，也成了嚴格取締的對象。

譚天度曾經因為在撒傳單的時候跑太慢，而被警方逮捕，在法庭上以煽動罪判處一年徒刑。話雖如此，英國統治之下的香港，量刑的程度可以說是輕微的，相較之下，在上海進行飛行集會的同志，被蔣介石的國民政府逮捕以後，就立刻被處決了。隨著被逮捕、處刑的人陸續出現，使得反對李立三強硬路線的聲浪，在共產黨的同志之間不斷高漲。

一九二八年三月，李立三失去了共產黨員的信任。周恩來以黨代表身分來到香港以後，就召開廣東省委員會的擴大會議，替換掉李立三。接著，也替前一年在廣州公社的武裝暴動中失敗，並遭到整肅的領導者恢復名譽。

拒絕重返共產黨，「再建」中華革命黨

周恩來也展開行動，妥善處理譚平山的「除名」處分。首先，他取得毛澤東的同意之後，便私下找譚天度來談話：「這是毛澤東和我的希望。請譚平山務必要回到共產黨。可不可以由你來說服他，請他提出回黨的要求？」

譚天度很開心的答應了。他立刻派人去找在上海的譚平山，拚命說服他寫回歸共產黨的申請書。不過，譚平山根本不打算照做。

譚平山明明在被除名不久之後，還十分希望可以恢復黨籍，為什麼這次要拒絕

呢？具體而言，他到底回答譚天度什麼，我們不清楚，不過和譚平山一樣受到除名處分，心情極度失落的前同志，曾經在回憶錄中記載譚平山是如此鼓勵他的：「哭泣有什麼用？我們不是自己放棄革命的，而是革命放棄了我們。這不正好嗎！我們就自己幹吧！因為只要有覺悟，就不用怕沒有機會革命。」

這個時期的譚平山，注意力已經轉移到其他事情上了。

他花了數月執筆的《科學三民主義》才剛出版，在書中他提出一個主張：「應該集結廣大的無產階級與勞工階級等小資產階級，創設階級鬥爭的聯盟，讓民族革命、土地革命、社會革命的使命得以完成。」

他呼應此時正在蘇聯發表《對中國及世界革命民眾宣言》的宋慶齡、鄧演達等人，也是他正要專注設立「第三黨」的時候發生的事。與其事到如今還執著留在共產黨內，不如說現在是個大好時機，去實現心中埋藏已久的構想。

一九二八年三月，譚平山在上海組織「中華革命黨」。同年夏天也起草《中華革命黨宣言草案》，並在幹部會議上提出，也經過黨內通過。（編按：旨在恢復孫中山一九一四年在南京創立的中華革命黨。其前身是興中會、同盟會，後來在一九一九年改名為中國國民黨。）

草案中，他舉出中國革命的三個特性，分別是「反國際資本主義，發動廣大勞農平民的革命」、「推動土地革命，將土地分配給全體耕作者」、「是超越資本主義的」；換句話說，就是主張「因為是跳過資本主義階級的革命，所以勞工階級要身先士卒，創造民族獨立的國家，努力在社會主義建設，才是最重要的」。

此外，他說明**他所組織的中華革命黨，是「將其視為與國民黨敵對的政黨**；是專為一邊與中國共產黨建構合作關係，一邊活動的中間階級所組織的政黨」。

二〇〇〇年，在日本慶應義塾大學斯道文庫的陰暗書庫裡，我終於拿到《中華革命黨宣言草案》的實物。草案是在B4大小的草紙上油印印刷的小冊子，一共有十四頁，內文寫滿了稍微雜亂的楷書體。不知道當時印刷、發送了幾百本、幾千本的冊子。譚平山自北京大學畢業以後就回到廣東，在廣東發行《廣東群報》；不過這本冊子與當時工整的活字印刷相比，印刷的品質顯得太過於粗糙了。不知是因為只是「草案」的關係，所以趕著製作出來，還是因為經費所迫的關係呢？

就在我一個字一個字閱讀的時候，也深切感受到譚平山的熱情與急迫感。我感覺到呼吸困難，深深吸了一口氣。我一頁一頁的翻，歷經七十二年的歲月而泛黃的草紙，就像樹葉一樣脆裂崩碎，飄散在地板上。

譚天度沒辦法說服譚平山。

譚天度回到香港，向周恩來報告以後，從周恩來那兒聽到消息的毛澤東，用懷疑的口吻問道：「譚天度真的有好好說服他嗎？會不會因為他們是親戚，就暗地裡偏袒平山呢？」

關於這件事，譚天度也是之後才耳聞的。似乎就**因為這件事，毛澤東開始疏遠譚天度**。

六條祕密路線，運送三種重要物件

一九三〇年，共產黨因為國民黨接連不斷的包圍戰，已經陷入危急存亡之秋了。被層層包圍的革命根據地瑞金，已經化為陸上孤島，別說武器彈藥，連糧食都不足，幹部也無法自由行動。為了要打破這個封鎖的狀況，共產黨訂定計畫，打算建設連接香港與大陸的地下運輸路線，作為最後的希望。

共產黨中央政治局在其之下新設置一個直屬機構：交通局。軍事委員會書記周恩來成為交通局最高負責人，**並開始擬定一個縝密的計畫。這項宏偉的作戰計畫，目的是規畫一條「祕密地下運輸路線」**，從上海經過香港、廣東、福建後，連結接近江西省東南部的中央根據地——瑞金。

他們慎重的選擇據點。首先，在香港設置華南交通總站，而在上海則是以黨員的遠親經營的「中法藥局」為據點；也在汕頭開設中法藥局的分店，作為中繼站。

譚天度被任命為廣東省委員會交通主任。他立刻著手建造連結香港和廣東的具體路線，數度往返廣東省的汕頭、海豐、湛江等地，甚至還前往廣西省，不斷進行實際測量。

廣東的東江一帶是水路發達的水鄉澤國。珠江的支流分岔出無數支流，狹窄的水路縱橫交錯，只有划槳的船隻才能往來，警察的巡視艇也不容易靠近，這可稱得上是有利的條件。再加上國民黨被割據全國的軍閥討伐所追趕，東江一帶的水上警戒也變得薄弱。而且熟知當地風土人情的民眾自南昌起義以來，對於共產黨並不抱敵意，這也是幸運的一點。

譚天度在預定的中繼點，與當地的共產黨員數度會面，並對作為引導人的「交通員」選拔設下嚴格的評選標準：「作為共產黨員的資歷長」、「政治意識高，品行方正」、「體格強健」、「具有小販等特定職業的相關職業知識」、「擁有就算發生緊急狀況，也能冷靜隨機應變的能力」等。

一九三一年初，譚天度終於開創出一條「紅色地下交通線」的路徑。這條路線巧妙利用水路和陸路，從香港經由廣東的汕頭、潮州、大埔，再從永定延續到瑞金的地下運輸路線。這條路徑也稱作「中央地下運輸交通線」。

其他還建造了多條紅色地下路線，有「福建西到廣東路線」、「廣東到江西路線」、「福建東北路線」、「湖南到湖北西路線」、「江西北路線」。這些路線和「中央路線」接連相繼完成後，**全國各地的革命根據地，就可以透過總共六條細長的「紅色絲線」相互連結在一起**。

有三種重要的物件，會透過中央地下運輸交通線運送。

其一是與上海黨中央以及與瑞金的中央革命根據地互通的通信文書。每月一日和十五日會定期寄送，其他時候則是隨時進行緊急聯絡。周恩來最重視的，就是文書的往來。

其二則是護送幹部。這個部分就必須運用巧妙且縝密的手段。首先，幹部從上海出發之前，會先發送密電至香港。香港方面就會預先調查運輸路線的狀況，確認敵人的警戒狀態，等確定安全以後，就會讓前往香港的幹部走上運輸路線。而以引導人的身分跟隨幹部身旁照料的交通員，都是土生土長的當地黨員。

喬裝成商人的幹部，會與交通員一起搭乘小船，利用水路從香港前往汕頭，再藉由潮州鐵路前往潮州。接著再換乘韓江輪船，抵達中繼點茶陽。而來自大埔中繼地的手划船則在茶陽等待，還會配合汽笛的信號直接靠近韓江輪船，在水上讓幹部搭上輪船後，就直接前往下一個中繼點青溪，再從青溪走陸路，在武裝要員的引導下徒步走山路抵達永定，這就是大致的計畫。

而從永定到瑞金的兩百多里路，則與其他的紅色地下交通線連接，不走中央地下運輸交通線這條線路。

交通員會在各個中繼點相互交換，彼此也不認識，情報甚至嚴密到只有直屬的上司才可以聯絡他們。萬一遭到逮捕，也不會被一網打盡，不用擔心整個系統會受到打擊。

根據汕頭市委黨史辦公室所記載的《通往中央蘇維埃區的祕密交通線》的紀錄，始於一九三〇年、終於一九三四年的長征，藉由中央地下運輸路線移動的幹部總共約兩百多人，其中包括周恩來、葉劍英、楊尚昆、董必武等人。

除此之外，還有在蔣介石國民政府支配的地區「白區」，和共產黨的革命根據地「蘇維埃區」之間往返的數百名幹部，以及前往蘇聯學習的人，或是自歐美歸國的留學生，都會利用這條路線進出中央根據地。（編按：因為白區而有白色恐怖，所謂白色恐怖源自於反共的俄國白軍的迫害行為。）

一九三三年一月，在情勢的逼迫下，共產黨臨時中央政府撤離上海，之所以能逃出國民黨嚴密的包圍網，平安無事的逃到瑞金，也是因為確保了這條路線的緣故。

用人力運輸，連金塊都不會掉

中央地下運輸交通線的第三個功能，就是運輸武器、糧食等物資。隨著蔣介石的包圍戰日益激烈，革命根據地瑞金周邊的交通已經完全斷絕，食鹽和燈油因為改為專賣制，而很難取得。革命根據地的生活條件低落，在戰鬥前就直接面對生存的危機。

周恩來想到要在中央地下運輸交通線的沿線，以及香港、汕頭、大埔、瑞金市內開設各種商店，以此自給自足。有文具、百貨店、藥局、服飾、電器修理店、五金行等，這些商店都經手革命根據地最需要的物資。周恩來自己也曾開店。

把在白區購買，或在香港取得的食鹽、衣飾、藥品、紙類、通訊器材、印刷器材、武器等打包包裝，再由假扮成商人的交通員利用水路運送貨物。陸路的山路則由上百民村民全員出動，徹夜用肩挑著運輸。

也有些交通員手臂綁著十公斤的金條，藏在襯衫底下，走在烈日下的山路。這可不是普通的辛苦，因為重量和酷熱，累得手臂都抬不起來；皮膚也因為流汗的關係相互摩擦而皮破血流。不過，在頻繁利用中央地下運輸交通線的四年之間，據說從來不曾遺失過金塊、銀幣以及重要文件。

一九三四年十月，在蔣介石投入八十萬兵力的第五次包圍戰的激烈過程中，共產黨最後撐不住，捨棄了瑞金的革命根據地，踏上了沒有目的地的逃亡之旅。地下運輸交通線也大受打擊。六條的交通線中，有五條遭到破壞，完全喪失功能。

唯一殘存的，只有中央地下運輸交通線。這條交通線雖然曾一度喪失功能，不過循著東江水路的交通線所擔負的角色，只有這段路線依然殘存。這條曾經使用過的路線依舊存續，往後並作為別的用途重新復活。

國民黨政府的南京監獄，有進無出

譚天度在一九二八年參加香港飛行集會時，因為跑得太慢而遭到香港警察逮捕，雖然服滿一年刑期後出獄，卻還是被判驅逐出香港。

之後他前往上海，在和上海的同志們集會，走出地下基地時又遭到逮捕，在簡易審判中被宣告犯了顛覆政府罪，當場被處以十年的徒刑，並送至南京監獄。據說，南京監獄只要一進去，就沒辦法活著出來。

監獄的管理十分嚴酷，牢房建造成放射線狀，通往四面八方的通道兩側羅列並排著牢房，從占據中央地區、警衛所在的監看所，便可以一目瞭然。共產黨員已經有許多人被逮捕了。譚天度的舊識鄧演達也在這時被關進監獄，但兩人裝作不認識。

一開始他被放進獨居房，不久之後就移往雜居房。雜居房是間長寬各四公尺的小牢房，沒有窗，裡面擠了七、八個人，睡覺的時候根本沒辦法伸展手腳。在人稱「盛夏火爐」的南京，夏季時熱氣停滯在狹小的牢房裡，連喘氣都沒辦法。只能把鼻子靠近鐵門上的小窗口，大家輪流呼吸外頭稍微好一點的空氣。

拷問更是家常便飯。這裡有種專門的刑罰，叫做「老虎凳」。他們讓犯人坐在釘子突出的凳子上，再用橡膠製的帶子用力鞭打犯人的背，打得他們站不起來。若是犯人昏了過去，就從頭上澆水，把犯人弄醒以後繼續鞭打。只要一被打，背後就會到處布滿細長的紅色傷痕；要是更慘一點，被打得皮開肉綻的話，傷口癒合還要花上一個月的時間。

飲食方面，一天只有兩餐，吃的都是薄粥和市場裡不要的腐爛青菜。每個月只有一次可以吃到薄肉片。一天一次的洗臉時間，和短暫到戶外散步的「放風」時間，是僅有的喘息時間。

在遠離廣東、連夥伴的消息都不知道的囚禁日子裡，只能品嘗無限的鄉愁和孤獨。對於平常很少流露情感的譚天度來說，唯一能表現內心情感的方法，只有詠詩而已。雖然這像是這個有些古板、笨拙又頑固的人才會採取的方式，不過古詩對於中國的文人來說，是很豐富的感情世界。吟詠這首詩的他，當時已經四十四歲了。

春日偶感

一去不返是光明，暫見銀絲兩鬢侵（光明一去不返，兩鬢也日漸浮現白髮。）

翠柏兩行羈客泪，白雲千里故人心（旅人流著淚走過監獄前的柏木，舊友的心如白雲遠在千里。）

每恨燈光驚遠夢，時留月影伴孤衾（恨每晚點亮的燈驚醒了夢，有時月影停留，陪伴孤獨就寢的人。）

　親交散落天涯闊，再會何年惆悵深（親近的人四散、遠在天邊，感嘆不知何時才能相見。）

（一九三六年於南京監獄）

在長年的監獄生活中，譚天度陷入嚴重的營養失調。雖然身上罹患了各種疾病，卻幾乎沒有得到任何治療——十二指腸潰瘍、肋膜炎、膀胱炎、痔瘡、失眠等。當時他在監獄裡所罹患的種種疾病，都是在他出獄之後醫生告訴他的。

西安事變後國共第二次「合作」

以譚天度遭到逮捕的時間為分界，共產黨的活動宛如風中殘燭。另一方面，日軍的攻擊也日漸激烈。

蔣介石的國民軍無畏日本強大的軍事力量，但也不打算正面衝突，而是以「一直逃跑」的方法，在廣大的中國移動，當時的蔣介石更熱中於討伐共產黨。日軍起初毫無痛苦的持續快速進攻，並不斷獲勝，不過後來也逐漸受困於大陸的廣大土地。

毫無結果的戰爭不斷持續，宛如沒有盡頭一般。戰局膠著，情況陷入泥沼。不知道戰爭何時結束的軍人們已經疲憊不堪，每個人都抑鬱不振。

一九三六年爆發的「西安事變」打破了僵局。遭到日本陸軍暗殺的東北軍閥張作霖，其子張學良與軍閥楊虎城合謀發動軍事政變，軟禁了直屬上司蔣介石。

當時三十八歲的少壯軍人張學良向蔣介石建議，應該更奮力抵抗日軍。

共產黨在前一年，也就是一九三五年，為了全面進行抗日戰爭，發布了「八一宣言」（編按：全名為《為抗日救國告全體同胞書》，中國共產黨駐共產國際代表王明，依共產國際指示，自莫斯科以中國共產黨和中華蘇維埃共和國中央政府的名義所發表的一篇宣言，內容主旨是要求停止內戰，共同對抗日本帝國主義侵略）。不過周恩來在「西安事變」的時候，不斷與張學良聯絡，並對被軟禁的蔣介石慎重進言，應該和共產黨站在同一戰線，認真致力於抗日戰爭。

被迫面對「合作」或「死」二選一的蔣介石，不得已只好接受共產黨的提案，至此實現了第二次的「國共合作」。

第二次國共合作一成立，共產黨就立刻派遣葉劍英前往南京負責談判，還讓之前遭到逮捕、被監禁在南京監獄的共產黨員全部釋放。

度過四年的牢獄生活，譚天度終於在一九三七年八月成為自由之身。

第五章

搞丟一個夢覺，還你一個陳新

這些年輕的女性黨員，滿懷革命的理想，
胸中澎湃著期待，蜂擁至神聖的革命根據地延安，
而那些住在延安廣闊荒漠中的洞穴住所的共產黨幹部們，
在這些從小在都市成長的女黨員眼中，
又呈現出怎樣的面貌呢？

關於譚天度的婚姻，他的兒子譚霆是這麼說的：「不知道是不是因為父親的年齡和母親差了二十多歲的關係，他從不曾扯開嗓子吵架，兩人一直很融洽。搞不好是因為，父親對年輕的老婆束手無策吧。」

「你說的束手無策，是指很重視的意思嗎？」

「是啊，不管怎麼說，都是第三段婚姻了嘛。父親會不會想說，這是最後一段婚姻了呢？」

師生戀夢覺，鐵軍成烈士

譚天度第一次結婚，是依照中國古老的風俗習慣。在他還是廣東師範學校的學生時，和母親選定的、未曾見過面的對象在故鄉結婚。在故鄉度過了暑假一個月的新婚生活；到了九月新學期開始，譚天度回到學校以後，也因為古代習俗的關係，新婚妻子就留在故鄉，和譚天度的母親一起生活。她是一位文靜又勤於工作的女性，沒多久就生下一個女孩。不過，因為產後身體的恢復狀況不佳，不久就過世了。

第二段婚姻的對象，是譚天度任教的坤維高等女中的學生，名字叫做區夢覺。區夢覺的個性十分正直坦率，只要一說出口的事，就會毫不猶豫的執行，是個十分有行動力的女性。

「事實上，父親似乎喜歡別的女學生。在《譚天度詩文集》中，就記載了三篇他歌頌心中真正喜愛的女學生的詩。」譚霆一邊微笑一邊提到的，就是一位名為陳鐵軍的女性。

前面曾經提及，有五個女學生愛慕剛到坤維女中赴任的譚天度，還私底下組成後援會。其中「執著心」最重的，就是區夢覺和陳鐵軍兩人。陳鐵軍是個擁有天真氣質的可愛女性，既認真又用功讀書，和區夢覺簡直是完全相反的類型。不過這兩位女性的交情似乎很好。

一九二四年春天，因為共產黨活動忙得不可開交的譚天度，辭去了坤維女中的教師職務。在《譚天度詩文集》就有〈辭別坤維中學校友〉等，到一九二六年為止三年內所創作的抒情詩三篇，不過其中就有一篇〈與陳鐵軍晤談有感〉，是在一九二六年，譚天度和陳鐵軍在中山大學再會時所詠的詩。

「黃昏雨過，晚來微晴，舉頭四望，猶黑雲冪冪，疏疏綴著幾點明星。遠處黯淡燈光，篩出歷亂樹影。微風裊裊清，花氣陣陣馨。小亭裡，更闌夜靜。相弔形影，顧盼娉婷。漫談今古事，暢敘離別情。暗傷心，會少離多，轉瞬又成孤零。唯有她，天真爛漫，雍容嫻雅，似不解情。笑盈盈，信步歸房，取出扇兒遞來，『請為我早寫，莫待秋至。』臨去猶絮絮叮嚀。」

這很明顯是一封情書。

譚天度被派遣至廣州市內的某間兵工廠，進行勞動組合的集結準備。陳鐵軍從坤維女中畢業後，接著成為中山大學學生。當時中山大學的所在地，如今已作為魯迅紀念博物館。校園的一角有個小丘，頂上有座小涼亭，兩個人就在這裡度過短暫的相會時光。陳鐵軍這個時候已經是共產黨員了。前一年，當譚天度把她介紹給周恩來夫婦時，就以此為契機，讓喜歡陳鐵軍的周夫人鄧穎超當推薦人而入黨。

不過，譚天度和陳鐵軍的戀情卻沒有開花結果。譚天度第二次急忙結婚的對象，卻是區夢覺。

譚天度的兒子譚霆曾就這件事情，問過父親為何結婚的理由，而譚天度卻像是找藉口一樣回答他說：「因為區夢覺最熱切的和我見面。而且，她的思想也比較進步……。」但是譚霆完全無法理解。

如果是說思想進步，那麼當時大家的思想都很進步；如果區夢覺是共產黨員，陳鐵軍也是一樣啊，所以應該與這件事無關。一定是孩子氣的陳鐵軍和老實的譚天度，兩人都沒有說出那句「決定性」的話，就這樣白白讓時間流逝；而行動派的區夢覺就積極的接近他，最後打動了譚天度。說不定，在陳鐵軍和區夢覺之間，曾展開祕密而激烈爭風吃醋呢。

我心想，這樣不也很好嗎？

我只要想到，年輕時候的譚天度曾夾在兩個女學生之間，不知如何是好的情景，臉上就會浮現笑容。在與死亡朝夕相伴的時代中，也確實存在這樣令人雀躍的青春記憶。

戀情告吹的陳鐵軍，反而更加投入共產黨的活動，也不難想像她會接受較危險的任務。自從一九二七年年底廣州公社失敗，廣東的共產黨組織潰散，在香港設立的廣東省委員會，就將委員周文雍以工作員的身分送進廣州，打算捲土重來。而陳鐵軍就被拔擢為周的助手。

兩人裝扮成富有的新婚華僑夫妻，在廣州市內借用某間民房作為祕密聯絡基地。目的是預計在一九二八年的舊曆年正月，煽動勞工群眾發起「春騷」勞工暴動。

然而，因為告密者洩漏情報，就在快到農曆正月的二月二日遭到警方搜查，兩人在家中的時候遭到逮捕。

歷經三天三夜的激烈拷問後，兩人雖被強迫要求自白，但依舊堅持不提口供。到了第四天，也就是二月六日，兩人一起被送往廣州紅花崗刑場執行槍決。當時周文雍年僅二十三歲，而陳鐵軍只有二十二歲。（編按：秋瑾、陳鐵軍、楊開慧（毛澤東太太）、江竹筠、張志新被中國並列為美女烈士。）

而譚天度和區夢覺的婚姻生活，也沒有持續很久。

失蹤十四年的愛妻

兩人婚後沒多久，就因為「四一二清黨事件」被迫逃離廣州，在拚命保住性命逃往香港的時候失散了；而在南昌起義失敗，回到香港時，才終於能再見面。不過，翌年一九二八年，當譚天度遭到香港警察逮捕、服刑一年期間，區夢覺接受廣東省委員會的命令，被派往武漢的共產黨中央。

一年後，從香港監獄出獄的譚天度寫了一封信給黨中央，想探尋她的消息，黨中央卻回覆一封冷淡的回應：「這裡沒有叫這個名字的女人。」

雖然他想區夢覺說不定已經死了，不過還是用盡各種方法調查，卻沒有任何結果。時間一直過去，也沒有任何證據可以證明她死了；數年後，他又詢問黨中央，得到的答案還是和之前的一樣。

一九四二年，他發出最後一封電報。**從在香港別離的一九二八年算起，實際上是第十四年發生的事**。不過，黨中央還是一樣，一直用「不知道」來回答他。

兩年後，也就是一九四四年，他的第三段婚姻突然降臨。當時譚天度正在廣東率領游擊隊。

中國共產黨指揮的「東江縱隊」，其正式名稱為「廣東人民抗日游擊隊」，是一支以橫跨廣東省的寶安和惠陽的東江區域一帶為根據地的紅軍游擊隊。提到寶安、惠陽兩縣，可能不太知名，若是說現在的經濟特別區深圳市，以前就是其所屬的行政區的話，就比較容易了解了。

在中國的行政劃分中，省之下有市，其下還有縣。過去隸屬於寶安縣的深圳村，到了戰後就升格為市，脫離這兩縣的管轄；文革結束時，鄧小平在一九七八年提倡經濟改革開放之後，深圳市就領先全國，被指定為「經濟特別開發區」，成為接受海外投資的實驗都市。深圳市最後發展成功，今日已經成為世界聞名的中國代表性現代都市。

目前，在深圳市東側還有一個較小型的「經濟特別開發區」沙頭角。這個被鐵絲網包圍的「終極自由主義圈」，與對岸被大鵬灣包圍的香港僅有數公里之遙，大家也都知道有許多偷渡者會趁著黑夜游到對岸。

換句話說，東江一帶不只是陸路連結廣州和香港的要衝之地，更是可以藉海路直接連結的區域，也必然成為與占領香港的日軍為對手，展開神出鬼沒游擊戰的理想地點。

第二次國共合作後，加入東江縱隊

「東江縱隊」的游擊部隊，原本是農民起義的首領彭湃所掌控的農民集團，南昌起義的時候因為照顧生病的周恩來，而與共產黨有了聯繫。

以西安事變為契機，隔年一九三七年建構了第二次國共合作之後，一九三九年就成立了共產黨中央南方局（簡稱南方局），由周恩來擔任書記。此後，廣東省委員會就歸在南方局的指揮之下。

周恩來作為華南地區抗日統一戰線工作的核心人物，於是活用這個農民集團，意圖將其培養成國際組織。而日本出生的廖承志，就被拔擢為推動抗日統一戰線工作的角色，他是負責這項工作的最佳人選。他那位被蔣介石勢力暗殺的父親廖仲愷，曾以國民黨左派的首席領導者身分備受信賴；母親何香凝也曾擔任國民政府的婦女部長。所以身為名門子弟的廖承志，在國民黨內深獲信任。再加上他在海外擁有廣闊的人脈，因此可以活用在國際相關的工作上。

一九三七年，廖承志前往香港赴任，隔年一月和周恩來一起與英國駐華大使卡爾將軍（Sir Archibald Clark Kerr）在會談中協議，設立八路軍駐香港辦事處，作為抗日統一戰線工作的據點。

彭湃指揮的農民集團則歸在廣東省委員會的指揮之下，以數名共產黨領導者為中心，重新組織紅軍的游擊部隊，並改稱為「廣東人民抗日游擊隊」（通稱東江縱隊），譚天度也成為共產黨派遣的領導者之一。

周恩來為了鼓勵華僑積極參與抗日行動，東江縱隊採取接受海外華僑支援的形式。依據其目的，出身東江區域的華僑都在美國、新加坡、馬來西亞等國家成立支援組織，他們的兒子、孫子的志願團體也組成「東江華僑歸鄉服務團」，回鄉之後便加入抗日運動。

東江縱隊出任務，英國欠人情

包含海外華僑在內，全國各地抗日運動甚囂塵上，其中卻有一個人並沒有十分積極，那就是蔣介石。就算與共產黨攜手實現第二次國共合作之後，他也沒有集中全力抗日。

中日戰爭以一九三七年七月的「盧溝橋事變」為開端全面爆發，日軍以勢如破竹的態勢進攻；相對的，國民政府軍最高司令官蔣介石，卻只把共產黨軍送往前線，把國民黨軍部署在後方，努力保存勢力（編按：國民黨方面，則表示其戰略是「以空間換取時間」）。儘管如此，懼於日軍猛烈攻勢的國民黨軍卻喪失士氣，不斷出現戰前逃脫者，因此，日軍十分輕鬆的掌握了廣大的區域。

一九四一年，太平洋戰爭爆發以後，以美、英為中心的聯合部隊，便對抗締結軍事同盟的日本、德國、義大利等三國，將世界一分為二，開啟第二次世界大戰。日本不只占領中國的東北，也企圖進攻中國最南端的香港。

由於駐紮在香港的英軍只是小型的部隊，香港政廳的楊慕琦（Sir Mark Young）

總督擔憂守衛薄弱，便透過英國的報社記者聯絡共產黨，希望可以共同防衛香港。廖承志在得到共產黨中央的同意後，就與香港政廳的代表會談，**以英軍提供武器彈藥為條件，承諾派出東江縱隊**，提供全面性的協助。

日軍在一九三八年十月自廣東省的大亞灣登陸，兵力達七萬人的南支派遣軍，僅僅十天就攻陷廣州，占領了東江下游一帶的廣大土地。接著在一九四一年十二月，日軍進攻香港。判斷形勢不利的英軍立刻投降，香港便落入日軍的掌握。自香港總督以下，包括軍人、老百姓以及其他國家的人都遭到逮捕，分別監禁在深水埗、赤柱集中營、啟德機場。

自此以後，東江縱隊就多了一個任務——救出淪為日軍俘虜的英國軍人及老百姓。東江縱隊的香港—九龍分隊「港九大隊」組織「國際工作小組」，並任用香港出身的青年黃作梅為組長，在香港和九龍市內設立祕密聯絡基地，擔任拯救戰俘的行動。從一九四二年八月開始，在數月之間救出的總人數有英軍中尉一名、士兵十八名、印度兵三十名、丹麥人三名以上，後來英國政府還發給他們感謝狀。

尾隨日軍，奪回領土並成立「蘇區」

譚天度起初擔任東江縱隊宣傳工作的負責人，負責發行報紙的工作。其後歷經政治委員、軍政委員會委員等職務。

一九四三年，共產黨中央計畫在東江一帶，建立抗日運動的根據地「蘇維埃解放區」。

日軍雖然深入中國大陸，不斷占領中國廣大的土地，但其人數規模相對來說卻過於稀少。

就算**日軍占領了某座城市，但是當軍隊前往下一個城市後，占領地的防衛就變得薄弱，而尾隨日軍的中國共產黨，就如探囊取物一般，輕而易舉的一一奪回日軍占領地。**

根據《朱德總司令致美英蘇三國說帖》（一九四五年八月十五日）的說法，至終戰為止的八年間，共產黨在全國奪回的占領區，總面積達到約一百萬平方公里。

共產黨在各地奪回占領區的同時，也在河北、山西、甘肅、河南、湖北、江西、福建、廣東等全國各地，建造一個個「蘇維埃解放區」，總數達到十九個。

譚天度則是被任命為設置廣東蘇維埃解放區的執行負責人。

他以東江的西側地區，就今天的地理位置而言，就是連結廣州和九龍半島前端的廣九鐵路沿線區域為目標，著手建設的準備工作。

這個區域已經作為游擊部隊的移動路徑而得以確保，也因為容易獲得居民的協助，在人口調查和測量上也比較容易。

一九四四年，成立名為「東寶行政督導處」的行政機構。

將擁有四十萬人口的東莞與寶安兩縣作為統籌地區，並在兩縣之下，設置十個行政區與四十三個鄉村，是中國共產黨首次在中國南部的沿海地區創設行政機構，也是蘇維埃解放區的基礎組織。譚天度後來也擔任東寶行政督導處的最高負責人。

翌年，一九四五年夏季，第二次世界大戰結束，日軍全面投降後，譚天度就轉任指揮香港統一戰線工作的職務。而突如其來的第三段婚姻，就是發生在轉任前沒多久的事。

搞丟一個夢覺，還你一個陳新

譚天度第三段婚姻的結婚對象名叫陳新，是位二十四歲的游擊隊員，進入共產黨正要邁向第七個年頭。

對陳新來說，結婚宛如晴天霹靂的事。某天，上級把她叫過去，對她這麼說：「事實上，這是有關個人的事，如果可以的話，務必請妳考慮看看與譚主任結婚。當然，妳還年輕，而譚主任也快要五十三歲了。雖然年紀有些差距，不過他是個忙碌的幹部，需要一位打從心底關心他的伴侶，替他照料身邊的一切。身為他妻子的同志，已經十六年下落不明，恐怕也早已離開人世了。怎麼樣？有沒有打算和他結婚呢？」

陳新如今回想當時的事，臉上還是忍不住浮出微笑。因為這位肩膀很寬、平時為人粗魯的長官，現在卻一副緊張的樣子，額頭上還冒著汗，一邊結結巴巴的說著話。

這位長官一邊擦著額頭上的汗，一邊低好幾次頭對她說：「我只能指望個性開朗又豪爽、喜歡照顧別人的妳了。不管怎麼樣，拜託妳了……。」

她因為這件突如其來的要求，而受到驚嚇，紅著臉、低著頭回道：「請讓我考慮一下……。」

儘管如此，她還是因為上級的一句話而動心：「妳就暫且以譚主任祕書身分接近他，彼此相互了解一下，之後再請妳考慮一下結婚的事。」陳新答應他：「如果只是交往的話，應該沒問題。」

一九四五年春季，共產黨廣東省臨時委員會的伊林平書記，針對譚天度的婚姻問題向黨中央提出申請後，陳新就轉任譚天度的祕書。

陳新在與譚天度一起共事的數個月裡，逐漸了解他是個認真又誠實的人。終戰後沒多久，兩人就在東寶行政督導處的行政本部所在地燕川村結婚。

結婚儀式簡單樸素。廣東省臨時委員會的伊林平書記為媒人，並召集了數名幹部，用一些向農民購買的自釀酒乾杯。下酒菜則是芋頭、野生的藤蔓和雜糧稀飯。譚天度則是唱了一首抗日歌曲〈在太行山上〉，兩人在結婚證書上簽名以後，就接受幹部們的祝福。

當晚，就借村裡理髮廳的一個房間，在門板床上湊合著度過洞房花燭夜。

陳新回憶當時的事，用懷念的口吻說：「那個時候雖然一點也不浪漫，不過我們一點也不在意這些事。大家滿腦子想的都只是為祖國戰鬥。他既勇敢又值得依靠，光是看著他身先士卒戰鬥的模樣，我就十分幸福了……。」

我是在一九八〇年和陳新初次見面。她的膝蓋有神經痛的老毛病，年紀也快六十歲了。豐腴的臉龐掛著一副銀框眼鏡，是位頗具威嚴、將屆老年的女性幹部。不過，當我問她結婚時候的事情時，她卻一邊掩著嘴呵呵的笑著，臉上同時浮現如少女一般可愛的表情，謙虛的說給我聽。

儘管陳新年紀尚輕，天不怕地不怕的，不過剛新婚就發生一件嚴重的事情，不難想像當時的她有多麼痛苦。這當然不是譚天度的錯，只能說命運實在弄人。

譚天度和陳新結婚之後隔年，發生了一件不得了的大事。大家一直以為已經離開人世的區夢覺，竟突然回來了。區夢覺還活著，十七年音訊全無，一點預警也沒有，就這樣活著回到廣東來了。

如果她沒有死，為什麼之前一直都不聯絡呢？就算是在戰亂最嚴重的時候，要聯絡故鄉的親兄弟，也不是什麼困難的事，她又為什麼不做呢？難不成是有什麼特別的理由，所以才一直都不聯絡嗎？若是如此，又是多麼天大的理由讓她這麼做呢？

「她是不是受了重傷，喪失記憶了，共產黨中央不是說不知道她的下落嗎？」我半開玩笑的說著，不過譚霆卻用強烈的口吻否定了。

「不，不是這樣。黨中央不可能不知道。她當時已經站在女性解放運動的最前線，名聲可是響亮到足以列入『三大女豪傑』的知名黨員呢！」

「那麼，為什麼黨中央會說不知道呢？」我再追問下去，譚霆就不說話了。

他望著空中一會，沒多久就用些微沙啞的聲音，喃喃自語的說：「……是可以想像得到。不過我也沒辦法說清楚。因為這是關乎名譽的事。」

「誰的名譽？是區夢覺嗎？還是譚天度的？」

「嗯……是區夢覺的名譽吧。無論如何，每個人都緊閉嘴巴，誰都不打算說，況且也沒有證據。不過，我猜想，這或許是毛澤東與父親劃清界線的原因之一。」

這次輪到我沉默不語了。譚霆說話吞吞吐吐的，到底在說什麼？

荒唐的延安幹部

我突然想到某個人說的話。他就是居住在紐約的著名中國歷史研究家司馬璐。司馬璐曾經是共產黨員，年輕的時候曾在延安的革命根據地活動。某一天，這位知識分子突然離開共產黨，轉而加入民主黨派；戰後則搖身一變，成為香港政治雜誌《爭鳴》的主編身分大展身手。他尖銳的政治批評和對共產黨研究的確實度頗受到好評，中國大陸的研究者也經常與他往來，向他討教。

他曾經私底下表示：「說到我離開共產黨的原因，是因為我在延安親眼見到共產黨幹部荒唐的樣子，讓我大吃一驚。在延安，一直都有許多憧憬共產黨，而從上海等大都會前來的年輕女性。她們到了延安以後，就會被分派給高級幹部，充當他們晚上過夜的對象。」

這些年輕的女性黨員，滿懷革命的理想，胸中澎湃著期待，蜂湧至神聖的革命根據地延安。而那些住在延安廣闊荒漠中，岩山上挖鑿而成洞穴裡的共產黨幹部們，在這些從小在都市成長的女黨員眼中，又呈現出怎麼樣的面貌呢？是強壯、充滿男子氣概的勇者？還是土裡土氣、俗氣粗俗的中年男子？不，一定是某種不可動搖的存在，即便被當成晚上過夜的對象，搞不好還覺得這是一種光榮的革命行為吧。

關於毛澤東在延安時代的私生活，已經藉由幾位目擊者的言談，暴露出他放蕩的一面。就像擁有後宮三千佳麗的皇帝一樣，他每晚都有年輕女性陪侍，縱情愛欲，其相關著作也不勝枚舉。這種狀況恐怕不只發生在毛澤東一個人身上。

難不成，區夢覺也被當成其中一個對象了嗎？

在大都會的女子貴族學校成長的她，肯定清新脫俗、十分顯眼。如果當初是最高掌權者毛澤東見到這樣一個女孩，那麼就算她的丈夫從廣東透過信件和電報詢問她平安與否，也不會老實回答他的。而革命根據地的通訊兵，在把信件或電報直接交給區夢覺之前，還是會先探尋上級的心意吧。上級向高層確認之後，也許得到的答覆是「跟他說這裡沒這個人！」一個小小的通訊兵，沒辦法把真相告訴她的丈夫，只好回答：「你要尋找的女性不在這裡……。」

我猜想，剛剛心頭浮現的這股妄想一定會被一笑置之，就用半開玩笑的語氣問道：「難不成，她被毛澤東追走了嗎？」

然而，譚霆額頭上皺起皺紋，靜靜的搖搖頭：「我不知道……她回到廣東以後，就來找父親。父親當時已經和我的母親結婚，母親也已經懷有身孕了。區夢覺當時只和父親見那一次面而已。之後她就一個人住在廣東省，終生都維持單身。」

區夢覺的人生，是多麼的殘酷啊。

在別離的數十年裡，戰亂持續，好不容易回到故鄉，丈夫卻已和別的女人結婚了。當她知道這件事情時，心中是怎麼想的呢？該激動的質問丈夫為什麼不等自己回來嗎？還是該以十分悲痛的心情放棄呢？無論是什麼，她的後半生一定充滿了沉痛的悲哀。

此外，譚天度的心路歷程又是如何呢？他是否曾思考過，要和新婚的陳新分開，慰勞這段時間歷盡艱苦的妻子呢？或者是，無論是對於剛新婚的妻子或歸來的妻子，因為要負起身為丈夫的責任，而煩惱不已呢？譚天度一直沉默不語，也絕不向任何人吐露自己的心思。而最後，他也沒有和陳新分開。

區夢覺一直維持單身，還收養譚天度和第一任妻子所生的小孩，並含辛茹苦的將這孩子養育長大。之後，她被拔擢為共產黨廣東省委員會的委員，最後甚至成為全國人數僅百人的共產黨中央委員。她一直到過世之前，都不曾提過在延安的共產黨中央時期所發生的事。

接著，我們拉回時間。一九四五年八月，也就是二次大戰結束後沒多久，共產黨中央對廣東區黨委員會下達一道緊急的極機密指令。

第十八章

周恩來為何不奪回香港？

「長期利用香港」政策的精髓，就是統一戰線工作。更進一步來說，就是連性質不同的政治制度都要吸收的「大度思想」。

一九四五年八月，日本接受《波茨坦宣言》（編按：一九四五年七月二十六日，在德國波茨坦會議上美國總統杜魯門、國民政府主席蔣介石（未實際與會，只是簽名以示發表）以及英國首相邱吉爾，聯合發表促令日本投降的一份公告），宣布無條件投降。此時突然出現一個問題，就是**香港的日軍，要以誰為對象解除武裝、投降？**換句話說，此時浮現的問題就是主權的問題——**香港要交還到誰的手中？**

蔣介石領導的國民政府主張，香港原本就是中國的領土，之所以將其割讓，全都是基於清廷與英國之間締結的「不平等條約」。所以應該儘速撤除這些條約，把香港歸還中國，這也可以說是中國「橫跨五十年的心願」。

然而，問題沒有那麼簡單解決。終戰前後圍繞著香港的國際情勢，則是以英國為中心，呈現出錯綜複雜的樣貌。

英國絲毫不承認與清廷締結之條約，在國際上並不具合法性，且早在一九四三年十月日軍出現敗跡時，就設立「香港計畫小組」，研擬戰後再度統治香港的構想。

一九四五年八月十四日，日本一接受《波茨坦宣言》，英國就公開宣告再度占領香港。蔣介石的國民政府也在八月十六日，在重慶發表聲明，強烈主張中國擁有接受日本投降的權限，以此作為對抗。

美國總統杜魯門在八月一日致蔣介石的信件中，答應透過盟軍總司令麥克阿瑟（Douglas MacArthur），宣布以下內容：「除了已透過蘇聯（當時）軍解除武裝的中國東北地區之外，在**北緯十六度以北的全中國區域中，中國軍方應該接受日軍的投降**。」就地理上而言，**香港也包含在北緯十六度以北的區域中**。

香港到底歸誰的？早到者勝

儘管如此，美國還是動搖了。大力支持蔣介石的小羅斯福總統（Franklin D. Roosevelt）在四月十二日突然過世之後，繼任的杜魯門總統不再像小羅斯福總統一樣那麼支持蔣介石，也不是很積極的讓香港回歸中國。比起亞洲戰線，他更重視歐洲戰線的收拾工作，也擔心加深和同為同盟國陣營英國之間的鴻溝。所以，最後他屈服於英國首相邱吉爾（Winston Churchill），與繼任的艾德禮首相（Clement Attlee）

的強硬主張，**承認英國再度統治香港**。

在「誰統治香港」這件事上，展現出不同企圖的蔣介石與英國，都透過將自己國家的軍隊，儘早派遣至香港占領的舉動，呈現出意圖將香港的擁有權，定義為「**早到者勝**」。

英國為了阻止國民政府軍抵達香港，決定派遣駐紮在距香港最近的菲律賓的**夏慤（Cecil Harcourt）少將，旗下人數約達三百人的英國太平洋艦隊立刻前往香港**。夏慤少將於八月十三日率艦進入香港，在民政長官就任之前，奉命暫時擔任香港再占領部隊總司令與軍政府總督。

由於國民政府的主力部隊，遠在中國內陸的西北地區，十分不利於移往香港。蔣介石一方面無法就歸還香港的正當性，獲得美國的積極支持；另一方面，他為了占領日本投降後的區域，也在中國大陸全境與共產黨不斷發生激烈的爭奪戰，**無法迅速派遣軍隊到香港**。

國民黨和共產黨之間引發的占領區域爭奪戰，也和香港的狀況相同，必須制敵機先、比對方早一刻搶奪陣地，彼此都企圖將戰局導向有利於自己的局面。此刻，距離香港最近的，則是共產黨的游擊部隊——東江縱隊。

大致上來說，終戰前後的國際情勢，主要是英國與美國、國民黨與中國共產黨等三國、四股勢力之間，各自企圖複雜的相互糾結，利害關係激烈碰撞的情形。而在日本投降後的數個月之間，並沒有任何一股勢力能真正占領香港，香港幾乎呈現無政府狀態。

正是在這個時候，廣東區黨委員會接收了黨中央的極機密指令，急速前往香港。這封極機密指令的內容，就是要**趁這絕無僅有的無政府狀態，極為祕密的進行「中英談判」**。

英軍三百，東江縱隊一萬二，奪回香港！

我是在一九九七年五月，因為想再看一眼英國統治下的香港，也就是「香港回歸」將近兩個月前的時候，在拜訪香港後又轉往廣東，與譚天度再度見面，並詢問關於東江縱隊的共產黨幹部執行「中英談判」的詳細內容。

譚天度當時已屆一百零四歲的高壽，是中國共產黨員中，黨齡資歷最久的黨員，同時也是高級幹部中最高齡者。

廣東地處副熱帶地區，中午的氣溫就已經超過攝氏三十度，毒辣日照毫不留情的照耀著。

先前透過電話聯絡的時候，聽說「元老」非常的健康，但當我前往拜訪時，他卻因罹患膀胱結石住院治療。儘管如此，我還是獲得短時間的會面。

病房在廣東省醫院的十一樓。據說，醫院的每個樓層都依據幹部的地位分配，八樓是局長級以上，最上層的十一樓，則是省長級以上的高級幹部住的病房。地板鋪著白色磁磚，還保有潔淨感，不過因為鄰近的土地正在增建醫院的新館，有時會傳出工地現場的聲音。隨著經濟成長，廣東省到處都在大興土木。

一走進病房，帶著溼氣的風就從敞開的窗戶吹了進來。身高約一百六十公分高、身材矮小的譚天度正坐在沙發上。他泛著光澤的臉，看起來一點也不像病人，嘴脣緊閉成一直線，深邃的瞳孔自綿長的白眉下放出強烈的光芒。彼此握完手後，他細小的手便自我的手中抽回，傳來光滑冰冷的觸感。

「據說一九四五年，曾進行過『中英談判』，這是真的嗎？」我為了確認抵達廣州以後沒多久，譚天度的祕書偷偷告訴我的事到底是真是假，便向譚天度詢問。

「嗯，是真的喔。」譚天度以平穩的口氣，不急不徐的回答我。

「那是誰下的命令呢？」

「是毛澤東同志和周恩來同志的命令。共產黨中央開始打算奪回香港。不過，後來轉換了方針，決定與英國談判。因為戰爭都打贏了，我們理所當然擁有分配戰果的權利。」

我驚訝的問：「終戰沒多久以後，中國共產黨就打算奪回香港嗎？」

「嗯，一開始就是如此。八月十三日毛澤東同志在延安發表演講時，就說：『蔣介石正在搶奪我們的戰果，想摘走我們的桃子。』毛澤東同志說明終戰後的局勢，表示我們的方針應該是反對國民黨，奪取國土。」

「也就是說，『桃子』指的就是香港？」

「是啊。不過方針一下子就轉換了，**改為祕密進行『中英談判』**。詳細的事你問高祕書，他全都會告訴你。」

他臉上掛著笑容，不過後半段的話卻說得很快，似乎有些不耐煩。大概是覺得累了。譚天度輕輕的閉上眼睛，頭緩緩的倚靠在沙發上。

我轉而向祕書詢問：「方針轉換以前，毛澤東打算如何奪回香港呢？」

這位祕書叫高宏，是在廣東省政府的共產黨史研究機構中，長年研究共產黨史的人。在一九九四年被拔擢為譚天度的祕書，加入口述歷史的訪談調查計畫。高祕書一邊描述具體的時間，一邊明快回答：「**周恩來**在一九四五年八月十一日，以黨中央的名義對廣東區黨委會發出電報，直接指示開始行動，命令他們移動至香港、九龍、汕頭、廣州等大都市，儘速解除日軍隊的武裝，並進行占領。接著，廣東區黨委員會就**派遣東江縱隊，著手奪回香港的準備工作**。」

當時東江縱隊的規模約**一萬兩千人**，裝備雖然陽春，但士氣高昂。因為他們在香港設立了港九大隊作為分部，在日軍隊投降時，由於距離最近，能在轉瞬間行動，而在占領香港上具備了有利條件。

順帶一提，此時共產黨對日軍發出的投降命令書中，配置了如下所述的軍隊和專責者，負責在各地區接受武裝解除：

- **華北地區**：聶榮臻將軍，位於八路軍的阜平地區。
- **華東地區**：陳毅將軍，位於新四軍的天長地區。
- **鄂豫**（四川、貴州）兩省：李先念將軍，位於新四軍第五師團的大別山地區。
- **華南地區**：曾生將軍，位於華南抗日游擊隊（東江縱隊）的東莞地區。華南抗日游擊隊，就是廣東人民抗日游擊隊的別名。

占領香港？不如利用香港

不過，當東江縱隊正要進攻香港的時候，卻發生重大的變化。

八月二十八日，毛澤東、周恩來等人在重慶與蔣介石談判，雙方達成共識：大都市由國民黨統治，而中、小都市則由共產黨統治，也就是所謂的「隔離」。一般稱這次的會議為「重慶談判」。最後，毛澤東放棄占據香港。

「共產黨為什麼突然會照蔣介石所說的，放棄占據大都市呢？」

「原因之一，是因為共產黨到當時為止，都沒有管理大都市的經驗。相對於蔣介石裝備的美國現代化武器，共產黨的軍備品質真的很粗劣，與日軍正面作戰是十分不利的。」

「之所以會和英國談判，是基於什麼理由呢？」

「當時，國民黨和英國為了誰應該取得香港的問題而互相爭鬥。在這種狀況下，共產黨無法直接反對國民政府而取得香港。因為大家同為中國人，若是做出這種事，最後就會成了賣國賊。不過，如果**把香港交到國民黨的手中，對於共產黨而言，很明顯是不利的**。所以他們想出的辦法，就是和英國談判。

「共產黨並不是要和英國爭取主權，而是暫時讓英國處置香港，並長期的利用它。**如果共產黨在香港建構了穩定的地位，將來也可以充分運用**。之後如果時機成熟，就奪回香港。他們判斷，這是當下最好的策略。」

即便是**英國**，就算他們多麼強烈主張奪回香港，兵力還是不足，而且也有可能直接面臨國共兩黨攻擊的危機，所以走上談判的可能性很高。

八月底，周恩來在共產黨中央的名義下，曾指示廣東區黨委員會具體的提案項目，簡單來說，主要為以下內容：

「保障中國共產黨在香港的合法地位，與新聞出版的自由、職業選擇的自由、中國與香港之間的往來自由、共產黨幹部的武裝許可，以及保證華南地方基於英國法律的民主化運動等。」

廣東區黨委員會除了以上的內容外，又再加上幾個項目，如東江縱隊的港九大隊任務結束後，讓他們安全撤退到本土等條件，之後便上呈黨中央。

提案項目總結之後，就以有游擊部隊中心之稱的東寶行政督導處擔任談判角色，並任命數名共產黨幹部為代表。

從東莞縣的根據地到香港，由險峻的山道步行，需要三日。他們背著背包，一邊在野外露宿。偶爾造訪農村，向農民分一些雜糧飯糰和摻雜野草的粥來填飽肚子。

在跨越國境後的新界，布署在香港的分部港九大隊派出一位隊員作為帶路人。幾位代表就這樣走到九龍半島的前端部分，再坐小船前往香港島。

「那麼，在香港的談判是在何時、何地召開的？」

「從九月中旬到十月下旬，在香港島某棟建築物的一個房間舉行。港九大隊那邊派黃作梅充當英文翻譯。」

「你說的黃作梅，是後來當上新華社香港分社社長的那個人吧。」

祕書和我說話的時候，在旁邊一直靜靜閉著雙眼的元老，突然站起來，語氣和緩的開口說：「黃作梅當時只有二十幾歲，是個熱心的游擊隊員，竟然遭到蔣介石暗殺，真是令人感到遺憾……。」

「咦？他被暗殺了嗎？」

這句話讓我十分緊張。譚天度依舊保持沉默，點了點頭。

黃作梅生於香港，自英語學校畢業以後，在中日戰爭時加入港九大隊。日本占領香港時，因為救出許多淪為日軍俘虜的英國外交官等外國人，之後還曾受英國政府頒授勳章。中華人民共和國誕生以後，他設立新華社倫敦分社，並擔任新華社香港分社的第二任社長。

一九五五年，黃作梅為了出席在萬隆的亞非會議，而搭乘印度航空專機「喀什米爾公主號」（Kashmir Princess），飛機因為不明原因爆炸，他也隨之身亡。

這架飛機當初是周恩來預計要搭乘的，不過後來突然改變預定行程。所以有一說認為，這是國民政府為了暗殺周恩來而設計的恐怖事件。

我不討回香港，但你得答應我全部要求

「英國方面，是由誰出面談判呢？」我再度向譚天度詢問，他靜靜的搖搖頭之後，又閉上了雙眼。祕書接著告訴我之後的事。

「事實上，我也試著問過好幾次了，不過因為是很久以前的事了，元老也不太記得名字。只知道英方代表穿的不是軍服，而是一個穿著西裝的白人。」

因為他穿著西裝，也有可能不是軍人。據我推測，會不會是麥道高（David

▲與日軍簽約儀式上的夏愨少將（前排右）。

Mercer MacDougall），或是他身邊其他親近的人呢？

麥道高在一九四四年，於英國殖民地香港課所設置的香港計畫小組中就任領導人後，同年九月就被拔擢為下一屆香港首席民政官候補人選，更率先進行戰後的香港再統治計畫，以號稱「香港通」而廣為人知。隔年終戰時，他於九月七日抵達香港，立刻就擔任夏愨少將率領的英國軍政府首席民政官。而且，麥道高雖然在戰時被囚禁在赤柱集中營，不過卻組織「影子委員會」，私下自命為香港總督。戰後更取代在軍政府底下擔任臨時副總督的前輔政司詹遜（Franklin Charles Gimson），是實質上一手掌握香港政治權力的人物。

我的手邊有張明信片大小的老照片。是在終戰沒多久的香港移交簽約儀式中拍下的。照片中，夏愨少將在長桌上簽著名，他的背後有兩位穿著西裝的男子，照片中只拍出他們的上半身，麥道高當時恐怕就在現場。

中英談判自九月中旬到十月下旬為止，一共進行了十幾次。

起初英方代表只有一位，並有數名隨員跟隨。而中方則派出數名共產黨幹部，和翻譯黃作梅。之後，英方帶了翻譯與會，黃作梅就不再參加，而是由其他港九大隊游擊隊員以隨從的身分參加。

在第一回的談判中，共產黨方面的代表首先就說：「**香港是中國的固有領土，這是顯而易見的。不過，我們現在不打算在此提出主權的問題。**」接著就提出共產黨的游擊部隊東江縱隊，在戰時救出外國人的貢獻。

「被日軍逮捕、囚禁在戰俘收容所的外國人中，有六十一名英國人、八十名印度人，其他還有美國、丹麥、挪威、菲律賓等各國合計兩百人以上獲救；而在解救過程中，游擊隊員也有多名犧牲者。關於這一點，英國政府起初答應援助武器彈藥與拯救行動資金，據說一直都沒遵守約定。」

英方代表像是第一次聽到這些話一樣，只能瞠目結舌，默默的聽著。當提到拯救行動資金的部分時，卻撇嘴緩緩的搖頭，看起來一點也不覺得抱歉。

共產黨方的代表冷靜的繼續說明。戰時，因為與盟軍之間締結了情報工作方面的合作關係，因此游擊部隊一共派出兩百名情報人員協助，也得到英軍與美軍很高的評價。接著，就指著旁邊的黃作梅，補充說明：「他雖然是港九大隊的國際工作組組長，但在救出外國俘虜和情報工作雙方面都很活躍。」

之後，共產黨代表就以嚴肅的口吻做出結論：「香港總督楊慕琦雖然向日軍投降，但是中國共產黨的游擊部隊在香港、九龍一帶與日軍堅忍作戰，用各種奇襲戰術引起敵人的不安，也已經『解放』了數個農村和島嶼。第二次世界大戰中，中國也是聯合國的一員。如今，既然戰爭結束了，中國共產黨也有權力得到應得的部分。這一點是毋庸置疑的。」

接著，最後打出決勝的一擊：「在中國的國土上，如果與我們同心協力，對雙方而言都有好處。不過，若是拒絕合作的話，最後吃虧的可是你們。我想，歷史會證明這一點！」

在短暫的沉默之後，英方代表的表情突然和緩下來，臉上帶著微笑，緩緩的開口：「你說的話，我們很了解。對於中國共產黨和游擊部隊在戰時所創造的歷史性貢獻，我們表示敬意，並致上感謝之意。」

中英談判就這樣展開了序幕。

國共不知誰能勝出，香港且留中共後路

在第二次的談判中，共產黨方的代表提出黨中央指示的具體項目：

一、**承認中國共產黨在香港的合法地位**，同意其設立半公開組織，進行活動。

二、允許黨員在香港及九龍居住、往來、自由選擇職業、從事募款活動。

三、同意在香港發行報紙與出版刊物。

四、同意並協助在香港設立祕密無線電基地。

五、武裝人員撤退後，英方必須確保非武裝人員及傷病士兵的安全。
六、為了守護商業買賣的旅客安全，允許暫時延長黨員屯駐在大鵬灣部隊的撤退時間。
七、確保香港、九龍居民基於自衛的目的，進行武裝、維持治安的權力。
八、組織戰後救濟會，救援受災民眾。
九、沒有徵得同意，英軍不可以進入游擊隊占領區域。

中國共產黨所提出的要求，即為以上九項。

聽到這九個項目，英方代表表情僵硬、眉頭深鎖。如果接受要求的話，**英屬香港等於公然承認中國共產黨**，允許其擴展進行地下活動。這一點讓他感到難以接受。狀況很明顯對英國不利。在香港成立的英國軍政府，不過是由三百名將士所組成。如果拒絕要求，中國共產黨的游擊部隊也許就會如雪崩一般攻來，將香港從英國的手中奪走。這比扭一隻小孩的手還要簡單。考量到狀況如此危急，英方代表沒有選擇的餘地，他表示「我會將提案帶回國內討論」，當天就回去了。

在後續幾次的談判中，英方代表承諾將會答應九項要求中的其中三個；其後，到了九月二十七日為止，英方雖然有些不情願，不過修正幾項字句以後，還是承諾將會同意全部的要求。

當中英談判達成共識後，廣東區黨委會便起草「東江縱隊港九獨立大隊撤退港九新界宣言」，宣告將在一週內從香港撤退。接著於九月二十八日，把宣言內文當作傳單一樣四處發放。不僅如此，在終戰沒多久的時候，英方擔心治安惡化，便要求他們協助維持治安，還因此將撤退期限延後八個月，直到英國自本國派遣軍隊抵達香港，讓香港政廳重新營運為止。

隔年一九四五年五月，東江縱隊往廣東撤退。

周恩來，高明啊！

密約徹底的執行。

一九四六年六月，「中國共產黨港粵工作委員會」（香港廣東委員會）在香港設立，其後升官到部長級的幹部們，都陸續進入香港。廖承志、喬冠華（周恩來外交事務的得力助手，後來做到外交部長）、夏衍、廖沫沙、潘漢年（中共資深特工，後來被毛澤東所殺）、連貫（八路軍駐港辦事處副處長）等人都是香港公開、半公開工作的中心人物。他們在統一戰線工作、文化、宣傳、經濟、外交工作、送華僑回本國、蒐集情報等方面，努力不懈進行大範圍的活動，使香港成為在華南人民戰線中的一大後方基地。

一九四七年設立的新華社華南分社（其後改名為香港分社），起初以純粹的報社型態浮上檯面。不過其後規模擴大，並得以在政治上發揮影響力，之後它所發揮的功能，就如同英屬香港裡的中國大使館。

這項密約的結果，讓中國共產黨首次在香港獲得合法的地位，其意義是劃時代的。而且指示中英談判的周恩來所提出的「長期利用」方針，對於中國來說，在之後很長一段時間決定了香港的定位。

回顧**周恩來所企圖達成的「長期利用香港」**方針，大致可分為三個部分。

其一，統一戰線工作。這是為了以從香港、東南亞為中心的愛國華僑身上，獲得廣泛支持的宣傳工作。

其二，針對以延安為中心、位於內陸地區之武裝鬥爭地區，發揮**援助物資供給**基地的功能。自一九四九年中華人民共和國成立為止，軍需物資、醫藥品以及糧食等前線所必需的物品，都是經由香港調配運輸。不過很明顯，在與國民政府的內戰中，香港這座供給基地，則發揮了有利的功能。

而第三個目的，就是**貿易與外幣**的取得。

終戰沒多久之後，中國共產黨透過香港進行的貿易買賣呈現飛躍的成長，在中華人民共和國成立之後，更出現急遽的成長。

在一九五〇和一九五一年這兩年之中，中國從香港大量進口。一九五〇年為十二億六千萬港幣，一九五一年為十六億四百萬港幣，香港在中國總進口中所占的比率，分別達到了三三・六％和二二・三％。我們可以了解，中國在這段時期中，大大活用了香港這個中繼貿易港。

當然，貿易買賣的演變會隨著世界情勢的變化而大大改變。在一九五〇年「韓戰」爆發、中國參戰以後，聯合國便對中採取禁運措施，使得一九五二年以後貿易量大幅下滑。此外，中國又進入「向蘇俄一面倒」的時代，使得對香港貿易急遽減少。然而，就算處在這樣的時代，香港依舊不受影響，主因是香港成了中國唯一一個向西方自由主義世界敞開的窗口。

時代向前邁進，一九六六年開始共計十年間的文化大革命，對於自我緊閉門戶的中國而言，香港無論是作為華僑匯款的管道或是對外貿易據點，都幾乎是取得外幣的唯一地點。就這層意義而言，將香港暫時交在英國手裡，卻依舊得以產生實質利益的長期利用方針，一定是一個歷史性的成功。

進入一九七〇年以後，潮流出現巨大變化。一九七一年中國加入聯合國、一九七二年美國總統尼克森訪中，接著中日恢復邦交，直到一九七八年鄧小平提倡對外開放政策，中國和香港之間的貿易雖然呈現飛躍性的成長，但對外窗口的多樣化，讓香港不再是唯一的窗口。同一時間，香港作為政治上對外基地的功能終止，大家慢慢只視它為扮演國際金融中心的經濟功能。或許是因為從這段時期開始，長期利用方針的意義相對薄弱，中國逐漸開始朝著取回香港的方向傾斜。

一九八四年，鄧小平提出「一國兩制」，英國首相柴契爾夫人還在回憶錄中描述：「他的『一國兩制』想法，真是天才般的成果。」

然而，鄧小平自一九五三年就任財政部長、進入中央以來，就擁有與周恩來共同實施香港政策的經驗。很明顯，**鄧小平很熟知周恩來所企圖達成的長期利用方針**。

長期利用香港政策的精髓，就是統一戰線工作。簡單的說，就是將原則與想法不同的人，和緩吸收的柔軟路線，也是「思想上的精妙」。**更進一步來說，就是連性質不同的政治制度，都要吸收的「大度思想」**。以「一國兩制」這個精妙標語表現以上思想的鄧小平，可說是無與倫比的謀士。

另一方面，在漫長的一百五十年之間，是什麼理由，讓香港的殖民地統治得以長久持續呢？多少因為對象是英國的關係，如果是美國那種濫用正義、單調的「警察外交」，彼此的關係恐怕早就惡化了。或許是因為既現實又擁有「商人外交」特質的英國，才能將與中國的摩擦壓到最低，並透過對談與妥協，達成雙贏。不過，若說英國有什麼疏忽的地方，那就是不知道中國根本不打算放棄香港的主權。

香港回歸就在眼前，我抱著這種感慨回顧過去。

一九四五年，東江縱隊的共產黨幹部一行人，為了進行中英談判而花了三天時間走過的路線，正好是現在連結香港和廣東省廣州市的廣九鐵路沿線。現在從東莞縣到香港，只要短短一小時就能抵達。

我一邊從廣九鐵路的列車車窗眺望風景，一邊回憶過往，有種恍若隔世之感。列車逐漸減緩速度，通過東莞縣的常平車站時，可以看出整個站前廣場幾乎被慶典的氣氛所籠罩。慶祝京滬高速公路開通的鮮豔旗幟隨風飄揚，敲擊大鼓和銅鑼的聲響四處響起。全新國宅櫛比鱗次的建造在車站四周。

一九四五年八月下旬，當東江縱隊的幾位代表接到極機密指令而奔走時，副熱帶地區高溫多溼的丘陵地帶應該是叢林密布，山路也被深深隱蔽著。

第七章

譚平山與毛澤東的最後一齣戲

所謂的國家，事實上是由人們的雙手創造出來的「創造物」。
創造者們懷抱高遠的理想，就像無中生有的藝術家一樣，
或是如同打造出新型企業的創業家一樣，
他們是具創造性又卓越的工匠集團。

一九四九年十月一日下午三點。

群聚在廣大的北京天安門廣場前的群眾，人數已經達到三十萬人。天氣晴朗，澄澈的亮藍色天空漂浮著幾朵白雲，每個人手中揮舞著五星紅旗，臉上同時帶著歡喜又興奮的表情，眼睛注視著天安門的高臺。

國家的領導們總算齊聚在天安門高臺上。綁在旗杆上的全新五星紅旗，高高的飄揚，接著位於中央的毛澤東走上前來，從懷中取出一張紙片，對著前方的麥克風，用朝氣蓬勃的聲音，一句一句緩緩朗讀著《中央人民政府公告》。

自此正式宣告中華人民共和國誕生。

聽眾之間沸騰著龐大的歡呼聲，彷彿撼動大地一般，傳遍全廣場。

等歡呼聲稍微停歇之後，接下來輪到朱德總司令走上前，面向麥克風，以爽朗的表情朗讀《中國人民解放軍總部命令》。

接著輪到閱兵儀式登場，群眾開始大遊行。

「中華人民共和國萬歲！」

「毛澤東萬歲！」

狂熱的人們一邊放聲吶喊，同時帶著滿臉笑意，一邊用力的揮舞著小旗子，向前邁進……。

「國家」可憑雙手創造出來，絕非無可動搖

看著當天的照片，背景是天安門樓閣的粗大柱子，前列中央是毛澤東，站在他左側的是劉少奇和帶著軍帽、滿臉笑意的朱德。朱德的背後則是周恩來。站在毛澤東右側的，是孫中山的夫人宋慶齡。而在宋慶齡身後的，竟然是蓄著白鬚的譚平山。此時毛澤東五十六歲，周恩來五十一歲，而譚平山則已六十三歲了。

從天安門的高臺上，看著人們狂熱的樣子，當時的譚平山，心裡正想著什麼呢？雖然譚平山當時在現場，令我感到不可思議，不過他的確是以「創建」中華人民共和國的中心人物身分列席。

我從來沒有想過，「國家」是創造出來的。

如果有人問我：「何謂國家？」以前的我可能會回答：「嚴肅的存在於我在世上誕生之前，誇示其無可動搖權威的『既存之物』。」

然而，當我們細細追尋、回顧中華人民共和國於一九四九年十月一日誕生的過程，就會從根本徹底顛覆我們以往的既定觀念。

所謂的「國家」，事實上是由人們的雙手創造出來的「創造物」。

「創造者」們懷抱高遠的理想，運用深厚的洞察力與創意研擬出各種企劃，並建構出實體的系統。他們擁有豐富的協調性，調整各方面的利害關係，並發揮強而有力的領導，創造出心中構思的「國家」。

就像無中生有的藝術家一樣，或是如同打造出新型企業的創業家一樣，他們是具創造性又卓越的工匠集團。

譚平山更可以說是這些「創造者」當中，最主要的中心人物。過去本應遭到中國共產黨除名的譚平山，為何會擔任這樣的角色呢？而這又是從何時開始的呢？首先，我們依序追尋譚平山著手中國建國的偉大事業前，所留下的足跡。

國民黨沒做的二五減租，共產黨做了

譚平山重新在政治的舞臺上發光發熱，是從中國共產黨訴求統一戰線的時候。不，正確的說，應該是從共產黨實行譚平山過去構思出的想法時。因李立三的強硬路線而遭共產黨除名的譚平山，當時已經開始著手組織「中華革命黨」。

中華革命黨後來稱為「第三黨」，被奉為中國第一個值得紀念的民主黨派。不過他成立政黨以後，就把黨魁的位子讓給鄧演達，自己另外組織「中國國民黨臨時行動委員會」。根據另一項說法，譚平山之所以會讓出黨魁寶座，是因為剛從蘇聯歸國的鄧演達很有勢力，靠著資金調度能力而贏得的。

一九三三年十一月，過去曾是國民黨左派的李濟琛，打出「抗日反蔣」的口號，成立「福建人民革命政府」，並向共產黨要求援軍。譚平山也是其中的一分子，與毛澤東、周恩來共同攜手，努力強化政權。然而，在共產黨中央掌握權力的蘇聯派王明拒絕派遣援軍，因此福建人民革命政府慘敗給國民黨大軍，僅三個月就垮臺了。

中日戰爭是在一九三七年正式開戰，譚平山從香港前往武漢，與提倡抗日統一戰線的國民黨左派合作，並呼籲先前個別行動的民主黨派相互合作。打造根基的工作發揮了功效，主要的民主黨派終於齊一步伐，決定著手於抗日統一戰線。

政策一實施，農民大表歡迎，也更了解共產黨推動的統一戰線工作。愛國者團體與民主黨派也相繼表達贊同，各組織之間的合作與協助也順利的進行。隨著贊成的人數增加，共產黨本身受歡迎的程度也扶搖直上。在一九四三年，共產黨員的總人數約達百萬，民兵也急速成長至擁有兩百二十萬人的規模。

起初，對於中國革命而言，土地問題是形成社會主義革命主幹的嚴重問題。但追根究柢來說，應該採行的政策只有兩個，即採取「沒收地主土地」或「實施農地稅制」。若是要實施「沒收地主土地」，那麼土地沒收要限定在大地主、中地主或是小地主三者中的哪個範圍，將會成為一大問題；若是實施「實施農地稅制」，要面臨的課題則是「到底要課以多少的稅率」。

因為共產黨此時實施的「二五減租」（編按：一九二六年十月，北伐軍進軍湖南、湖北期間，為動員農民支援北伐，國民黨在廣州召開有大量左派參加的中央和各省區代表聯席會議，通過「減輕佃農田租二五％」，降低農民負擔，統稱「二五減租」）獲得成功，因此受到很大的重視。在戰後的土地改革中，也積極的將其吸收，可說是一種十分具有效果的土地改革。

若是我們追溯二五減租的源頭，就可以得知它是在一九二六年六月國共合作時期中，國民黨和共產黨的聯席會議上採用的決定事項，而具體內容的提案人，就是譚平山。

翌年，**一九二七年三月，譚平山就任農民部長，也計畫實施這項政策**。不過，因為遭逢蔣介石發動的軍事政變「四一二清黨」而化為泡影。到了一九三〇年代，在推展抗日統一戰線工作的時候，共產黨決定再度提出這項政策。

更進一步說，共產黨所稱的「抗日統一戰線」，實質上就是推動屬於譚平山系統的自由主義式思維。

在第三黨成立時期，譚平山構思的「召開國民會議」與「政治民主化」，都直接成為統一戰線工作的重要支柱，之後也逐漸成為「既非共產黨，也非國民黨的第三組織」的「全國人民政治協商會議」。

再者，「全國人民代表大會」的組織化，就等同於召開譚平山所強調的「大多數國民期望的國民會議」。

不過，譚平山對於共產黨活用二五減租的方式，到底抱持著什麼感覺呢？關於這一點，並無記載在任何的官方發言紀錄中。但很奇妙的是，別說他對此抱持異議了，他反而還回應共產黨的訴求，率先統合各民主黨派。

我怎麼也無法理解這一點。他的態度看起來簡直就是盲從共產黨。我覺得很納悶，他為什麼要如此支持共產黨呢？

不過，某一次我在和一位廣東的歷史研究者聊天時，我才明白我聽到了某件重大的事實。乍看之下只是一件看似毫無關係的事情，不過若是注意觀察比較的話，就會發現恰如兩片緊密貼合的拼圖一樣完全一致，我的疑問也豁然開朗。

這件事實，目前即便是在中國，也很少人知道；當然，國外的人更是一無所知。不過事實上，**譚平山在一九四二年，就已經祕密恢復中國共產黨的黨籍了**。

「統一戰線工作」與「恢復黨籍」，這兩件與譚平山密切相關的重大事件，其中其實存在著密切的因果關係。

譚平山，共產黨籍的民主黨派

讓譚平山得以恢復黨籍的，不是別人，正是周恩來。

關於這件事，我們不知道周恩來是從何時開始接觸譚平山的。然而，我們從官方紀錄上可以看到，**一九四三年周恩來和譚平山合作**統合國民黨內的進步分子和中立派，在香港主辦「經常性時事座談會」。

譚平山邀請「經常性時事座談會」的核心成員，在兩年後的一九四五年於重慶創立「三民主義同志聯合會」。在總人數達五十多名的會員中，也包括了在一九五七年發表「新中國論」，對中國人口的爆炸性成長敲響警鐘而舉世聞名的馬寅初。據說創立大會上充滿了希望與興奮之情。

由這件事情來看，周恩來至少在一九四三年前，就曾經討論過抗日統一戰線工作，很明顯可以看出兩人的意見達到一致。於是，我試著提出一個假設。

當兩個人討論關於統一戰線工作，對於實施自由主義政策都意氣相投的時候，很可能周恩來就對譚平山提出關於回到共產黨的問題了。

除了釐清譚平山答應並書寫恢復黨籍意願書交給周恩來，周恩來將意願書提出的時期；同時周恩來想必也不斷熱心的對毛澤東闡述抗日統一戰線工作的必要性。一九四二年，毛澤東終於掌握最高權力，並真正打算進行抗日統一戰線工作的時候，周恩來提議要活用譚平山過去主導的稅制改革政策：二五減租。當此提案一經採用，就立刻提出譚平山的意願書，讓他得以恢復黨籍。

如此一來，二五減租得到提案者譚平山的具體意見和更進一步的協助，成為共產黨名實相符的獨有政策；這項政策順利的執行，應該也讓抗日統一戰線工作的效果加倍。同一時間，周恩來長年以來的未決事項——譚平山的黨籍恢復問題不也獲得解決了嗎？所以，一開始提出黨籍恢復的人，一定是周恩來。

周恩來對於譚平山因為南昌起義失敗而遭到除名處分的事，感到十分在意。譚平山也期望回到共產黨，打算實施實質上容許第三黨構想的政策。或者，他不喜歡國民黨左派高喊統一抗日戰線，確保與民主黨派之間相互合作的同時，國民黨右派的蔣介石反而打擊民主黨派，使得譚平山與國民黨之間的關係充滿矛盾，或許他也對國民黨主體的未來抱持著絕望感。

周恩來的手腕出色得令人咋舌。當然，他所企求的，可能只是單純基於個人的好意。若是從祕密讓譚平山恢復共產黨黨籍，而未曾公開宣示的事實來看，周恩來重新與譚平山以「兄弟仁義」彼此相交後，還裝作他是共產黨外部的人，不禁讓人覺得，這會不會是為了建構**讓民主黨派和愛國團體統整在共產黨之下的「開端」**。

若是從今天的角度來看，這或許就是一種演技，或者是一種喬裝買客的伎倆。假扮成顧客的譚平山，與銷售商品的周恩來和毛澤東，事實上兩方都是擔任賣方的共產黨員，為了炒熱統一戰線工作的宣傳工作，以從其他政治立場**拉攏同伴的一齣戲**。我認為，這件事本身並不算壞事。然而，當我想到周恩來大膽的構想、完美的事前疏通，以及其堅強與信念時，我不只是驚嘆，甚至感到恐懼。

周恩來卓越的政治手腕，從他擔任南方局的書記時，就展現在他所實施的各種戰略中。為了把香港作為後方基地加以活用，也為了廣泛吸收海外華僑、長期利用香港，他不接收香港，而是暫時託付在英國手中，簽訂中英密約，並約定共產黨得以在地下祕密進行實質上的活動。甚至以香港為基礎，將抗日統一戰線工作推廣至全國各地等行動，無論哪一種，都是包含了他獨有的穩健與堅強性的長期戰略。

當然，從一九三〇年代後期到一九四〇年代，所有的最後決定都是由毛澤東進行。不過，要實施合乎時宜的戰略，最重要的就是事前準備工作。

正因為有準備周到的事前工作，程序才能順利進行，作戰才能奏效。就單舉譚平山的事情來看，周恩來在毛澤東下令之前，應該就已經與譚平山討論過恢復黨籍，與統一戰線工作的具體策略。

在中國長久以來的權力鬥爭歷史中，無論哪一位領導人物，都擁有失勢下臺的經驗。不過，只有周恩來一個人，總是站在勝利者的那方，長久位居中央領導階層的高位。在我眼中，這一點簡直就和奇蹟一樣。

譚平山回到共產黨，其後也隱藏了很長一段時間。到底是基於什麼理由，一直沒有公開他回到共產黨？其中詳細原委我們不得而知。儘管中國共產黨在一九四〇年代十分提倡與黨外的組織與人士相互合作，不過也是有勸退想要加入共產黨的人，放棄入黨心願的案例。如果公開譚平山恢復共產黨籍，說不定就會出現反對者與嫉妒者，很可能也會引起混亂。與其如此，不如讓他處於「黨外者」的身分，讓他在世人面前，展現出與中國共產黨齊心協力的姿態。

譚平山與毛澤東合演的一齣戲

一九四八年，中國共產黨終於開始著手創建國家的大業。這一年，譚平山在香港組織「國民革命委員會」。同一時間，中國共產黨在四月三十日發表《紀念五一勞動節口號》，其中第五條口號是如此歡呼的：

「各民主黨派、各人民團體、各社會賢達迅速召開政治協商會議，討論並實現召集人民代表大會，成立民主聯合政府！」

毛澤東表示時機已經成熟，並將《關於邀請各民主黨派代表來解放區協商召開新政協問題的指示》，送交共產黨上海局（在香港），內容大致如下所述：

「我黨邀請各民主黨派及愛國人士團體代表前來解放區，準備針對以下事項進行討論。一、召集人民代表大會，成立民主聯合政府問題。二、針對美國帝國主義侵略，與蔣介石賣國政府的反對鬥爭，加強各民主黨派及各人民團體的合作，制定綱領政策問題。」

召開的地點定在哈爾濱，時間則是訂於一九四八年秋天。會議的主辦單位為國民黨革命委員會（民革）、中華民族同盟（民盟）以及中國共產黨三者聯名，並列舉受邀者名單。

各民主黨派於五月五日，聯名發出呼應中國共產黨紀念五一勞動節口號，對中國共產黨毛澤東主席的電報，表達歡迎之意的同時，還以譚平山組織的國民革命委員會，以及廖承志的母親何香凝與曾任「福建人民革命政府」主席的李濟琛所組織的「中華民族同盟」為兩大黨派，其他還有繼承福建人民革命政府的蔡廷鍇、前北洋軍閥馮玉祥、孫中山夫人宋慶齡，以及無黨派的郭沫若（編按：郭沫若在南昌起義時入黨，後脫黨，但在一九三七年成為「特別黨員」，以便在白區活動生存）等人，率先齊聚一堂。

譚平山整合各黨派代表數十人，組織第一批隊伍，於一九四八年九月從香港相繼搭乘蘇聯船隻與火車，經由朝鮮半島進入哈爾濱。翌年早春前，便著手政治協商會議的設立準備工作。

一九四九年六月，在北京的中南海開始召開「政治協商會議準備會」。民主黨派和無黨派代表共一百三十四人出席，以周恩來的開幕致詞為開端，之後以中國共產黨中央委員會主席毛澤東為首，民革主席李濟琛、民盟代表沈鈞儒等人發表祝賀詞。譚平山就任中央常務委員的一員。

義勇軍進行曲以及五星旗的意義

在準備會中，共分為以下組別，分配工作如下：

第一組：由參加中國人民政治協商會議的代表者組成，組長為李維漢。

第二組：**起草《中國人民政治協商會議組織法》，組長為譚平山**。

第三組：起草《中國人民政治協商會議共同綱領》，組長為周恩來。
第四組：起草《中國人民共和國中央組織法》，組長為董必武。
第五組：起草宣言，組長為郭沫若。
第六組：制定國旗、徽章、國歌法案，組長為馬敘倫。

接著，在一九四九年九月二十一日到三十日，於北京的中南海召開「中國人民政治協商會議」第一屆全體會議，共有六百六十二名代表者參加。

大會中正式制定《中國人民政治協商會議共同綱領》、《中國人民政治協商會議組織法》、《中華人民共和國中央人民政府組織法》，將北平更名為北京，並將其定為中華人民共和國的首都，年號採用西元紀年。此外，也通過四項決議案，例如將〈義勇軍進行曲〉定為國歌，並以五星紅旗為國旗等。五星紅旗的圖案，是在象徵革命與成功的紅色大地左上角配置一個大星，四周包圍著四顆小星。大星意指中國共產黨，小星則分別意指勞工、農民、小資本家、民族資本家。

由總選舉選出成員共六十三名的中央人民政府委員會，毛澤東獲選為政府主

▲成立政治協商會議。前列最左側為譚平山。隔一個人之後是朱德、毛澤東。

席，朱德、劉少奇、宋慶齡、李濟琛等人則擔任副主席。譚平山則獲選為五十六人政治委員會中的一員。

中華人民共和國因此建國了。十月一日下午兩點，中央人民政府委員會在北京的中南海舉行第一次會議，林伯渠被任命為祕書長，周恩來則被任命為政務院總理兼外交部長，毛澤東被任命為革命軍事委員會主席，朱德被任命為人民解放軍總司令，沈鈞儒被任命為最高人民法院院長。譚平山被任命為部長級的人民監察委員會主任，成為第一期人民政府委員。

同日午後三點，包括民主黨派代表的領導階層，站在天安門的高臺上，在聚集天安門廣場的三十萬群眾之前，向全中國人民正式宣布，以新民主主義為目標的中華人民共和國誕生了。

被國民黨與共產黨開除後又加入

一年之後，也就是一九五〇年十月一日，譚平山以〈慶祝國慶，迎接任務〉為題，在《民革匯報》上發表了一篇文章，內容大致如下：

「自去年十月一日中華人民共和國成立以來，正好滿一週年。這一年，中國人民的生活就在勝利、痛快、緊張、奮鬥之中度過……。

「今天，為了繼續我們的勝利，強化人民民主專制，必須完成明顯擺在我們面前的三個重要任務。第一，如毛主席指示的，為了讓國家的財政狀況好轉而奮鬥，為中國的新民主主義建設帶來勝利的保證。

「第二，不斷廣泛展開反帝國運動，特別是對於美國侵略朝鮮的反對運動，把帝國主義勢力逐出亞洲，為亞洲帶來和平，帶來以蘇聯為主的世界和平陣營的勝利。

「第三，完成土地改革工作，打破中國數千年封建制度。以上三個主要任務彼此相關，構成了今天的中心任務。我們要透過完成這三個任務，才能在真正的新民主主義革命中，獲得全面性的勝利。」

譚平山晚年住在天津，雖然有高血壓，還是專注於國際和平運動，據說還出席民主黨派的各種會議。全國人民大會自一九四五年開始召開以來，譚平山就以第一屆人民代表的身分，擔任常務委員會委員。但是兩年後的一九五六年三月，他因為心臟病惡化而離開人世，享壽七十歲，四月二日，在劉少奇、周恩來、鄧小平、郭沫若等人的送別下，安葬於北京郊外的八寶山公墓。

回顧過往，譚平山的革命生涯，可說是一連串不幸與坎坷。

青年時代，他醉心於孫中山提倡的近代化，加入中國同盟會，之後在一九二一年，也就是他大學畢業兩年後，便在廣東建構共產黨組織。接著，一九二四年第一次國共合作後，代表共產黨加入孫中山的國民黨，甚至還擢升至農民部長要職。不過，一九二七年國共分裂，他個人自國民黨脫黨之後，就被國民黨處以除名處分，沒多久參加的共產黨武裝暴動南昌起義失敗後，這次共產國際的領導階層又將責任推給他，將他自共產黨除名。

不過，隨著中日戰爭日益激化，**一九四〇年代初期**抗日統一運動的聲勢日漸高漲，國民黨邀請他擔任統一戰線工作的推動者，他也因此**恢復國民黨黨籍。接著於一九四二年，在周恩來的奔走下，祕密回到共產黨**，擔任共產黨統一戰線工作的推動角色。

換言之，譚平山參加了共產黨和國民黨兩個政黨，雖然相繼成為兩者的最高領導階層，也受到雙方的除名處分，然而之後也都恢復了黨籍。因此，隨著每個人的角度不同，可以說譚平山是國民黨員，也可以說他是共產黨員。

到底國民黨或共產黨，哪一個才是他真正的寄望呢？答案應該很明顯了吧。對他而言，雙方都不是完美的，彼此具有互補關係。其實他不單只停留在一方，而是投身於另一個活動組織，也就是他灌注熱情的第三黨——民主黨派。

儘管如此，事實上，我認為他是在一個很好的時間點離開人世。

他去世的一九五六年，也就是一九五四年全國人民代表大會首次召開，並頒布憲法的一年半以後。看起來這個國家已具備成為一個民主國家的實質要件，似乎終於要朝向理想的民主國家邁進的時候；也正好是一九五七年爆發「反右派鬥爭」（在知識分子中找出「右派」），開始大肆鎮壓知識分子的前一年。

若是注意觀察譚平山投注熱情的第三黨構想，也就是民主黨派的話，民主黨派最為風光、活躍的時期，應該就是中華人民共和國建國前後的數年間。

民主黨派發揮的角色，就像是為了創建國家，而團結所有國民的「黏著劑」。他們這些具有智識的中國人，不僅影響輿論，並以理想的社會主義為目標，為了創造一個由勞工與農民組成的新民主主義國家，而將全體國民統整為一體。

民主黨派組織的全國人民政治協商會議，將全國各式各樣的人齊聚一堂，建構國家的體系，並「打造」出一個名為「中華人民共和國」的國家。

反過來說，民主黨派如果沒有組織全國人民政治協商會議，就無法建構國家系統，國家也無從誕生了。在建國的過程中，中國共產黨之所以沒有將民主黨派置於黨之下，而是以慎重的態度對待，就是為了要讓國民體認到共產黨把自己視為國家，而不得不需要身為「他者」的推薦，也就是民主黨派的存在。

第三黨或是民主黨派存在的重要性，並不是數量與持續性的問題。即便是在很短的時間內，少數派也是確實推動歷史，開拓時代的耀眼存在；這一點是比其他任何事都還深具意義的。**對譚平山而言，另一件幸運的事，或許是沒有親眼見到一九六〇年代的文化大革命**，這個受到瘋狂與屈辱折磨的時代。

文革質疑：南昌起義為何高舉國民黨大旗？

一九六六年，文化大革命一爆發，為了揪出共產黨內部的敵人而引發的「整肅風暴」擴散至全國，激烈的吹拂了長達十年。

譚植棠身為創設廣東共產黨的成員之一，也從與結核病病魔長年戰鬥的病榻生活中恢復，好不容易在建國前夕的一九四五年得以回歸社會。不過，文化大革命一爆發，就被批評是「大地主出身」而受到眾人集體批鬥，最後因為在高臺上過於激動，導致心臟病發作，就這樣氣絕身亡。

紅衛兵依舊不留情，群聚在曾經擔任廣東省政治協商會議副主席的譚天度住處。為了訊問，搜索隊伍不斷頻繁的造訪。

「周恩來在中山艦事件發生以後，就向蔣介石道歉了吧！南昌起義的時候就已經動搖了！」紅衛兵們對譚天度提起一九二〇年代的歷史事件，不斷逼他寫周恩來的「黑材料」。不過，他從頭到尾都頑強拒絕。

「中山艦事件以後，周恩來同志就針對與共產黨的合作關係與蔣介石談判，但絕不是道歉。南昌起義的時候，他展現了毅然決然的態度。」

提出南昌起義當時的行動、強加罪名的對象不只有周恩來。其他多位同志在南昌起義時代的行動，都一概受到質疑。

「賀龍是『大匪賊』，是偽共產黨員！」

「朱德是『大軍閥』！」

這都是紅衛兵的批評。

譚天度一邊拚命喚起久遠的記憶，一邊努力的提出辯駁。

「賀龍同志根本不是什麼偽共產黨員。他還提出入黨申請，在瑞金正式舉行過入黨手續。」

「朱德同志在南昌起義時扮演重要的角色。南昌起義失敗後，他帶著剩餘部隊前往井崗山，和毛澤東同志一起組織了名聲響亮的『朱毛軍』。」

而譚天度最後總是如此作結：「在南昌起義後，我被監禁在南京監獄，關了四年。西安事變後的一九三七年八月，周恩來同志與朱德同志，還有葉劍英同志，在南京與國民黨談判釋放所有的政治犯時，我才終於重獲自由。所以，除此以外的事，我什麼都不知道。」

不過，紅衛兵依舊不肯饒過他。

「南昌起義的時候，為什麼要立國民黨的旗子？」

「那是黨中央決定的。」

接著，他們大聲叫喊：「這不就是以瞿秋白為首的，左傾機會主義的反革命中央嗎？你明明知道吧！」

「不，我不知道。」

回敬譚天度的，則是一陣強烈的掌摑、一連串的拳頭，以及宛如暴風一般的棍棒與腳踢。

紅衛兵們彼此輪班，日夜訊問，還將他拉到人民法庭嚴厲指責。譚天度被大罵「反革命」，被監禁在廣州警備地區後，又被送往位於廣東省北部的乳源縣桂頭村勞動改造，在那兒度過五年時間。

南昌之敗，被淘汰的是廣東派

文化大革命，純粹是受到權力欲左右的毛澤東，為了揪出、掃除潛藏在國內的「敵人」而引發的運動。值得注意的是，若其攻擊對象是廣東人的話，被究責的罪狀大多都是南昌起義時代的事。

毛澤東為什麼連這麼久以前的舊事都要重提呢？他為什麼這麼討厭廣東派呢？

這恐怕是因為，在廣東派堪稱全盛時期的一九二〇年代中，毛澤東還不成氣候，過著屈居人下的生活。也或許是因為還有許多記憶中保留著他當時模樣的廣東派，直覺的拒絕把毛澤東當作如同神一般的至高權力者一樣崇拜。

其中一個例子，就是「農民運動講習所」。毛澤東到今天為止，都是以農民的最高領導者身分，被定位為中國革命的核心人物，誇示他過去曾經身為農民運動講習所所長的身分，但事實卻與此相差甚遠。

起初，農民運動講習所是在第一次國共合作時代，也就是一九二四到一九二六年之間，在國民政府體系下開設的農民幹部培訓所。合計實施六期，從第一期到第五期的正式名稱，都是「中國國民黨中央執行委員會農民運動講習所」，只有第六期稱作「中國國民黨農民運動講習所」，置於國民黨中央農民部的管轄下。

在這間講習所培育出的農民幹部，總數達到八百多名，培訓結束後就回到各自的出身地，加入國民革命的戰鬥行列。

一九二五年冬天，**國民黨中央農民部**的主要成員中包括廖仲愷、譚平山、陳公博、譚植棠、彭湃等，而作為中央農民部之輔佐機關的農民運動委員會委員中，終於出現了毛澤東的名字。換句話說，這自始至終都是在國民政府名下營運的**農民幹部培**

訓所，第一期和第五期的主任是彭湃，第四期的主任是譚植棠，**到了第六期以後毛澤東終於擔任了所長**（第六期獨有的職稱）。

順帶一提，第六期的學生人數為三百二十七人，為歷屆最多。培訓教育實施期歷經四個月，授課科目為「中國農民問題」（講師為毛澤東）、「三民主義」（陳公博）、「中國職工運動」（李立三）、「軍事運動與農民運動」（周恩來）等，使用的教材則是「三民主義」、「建國方略」、「汪精衛演講集」、「孫中山主義討論集」、「中國國民黨的農民政策」、「蘇聯的農業政策」等，可以得知內容絕不是以共產黨教育為中心。

此外，藉由第一次國共合作，由共產國際下達「共產黨員以個人身分加入國民黨」的時候，過去曾經參加過孫中山的中國同盟會的譚平山，以共產黨代表的身分參與計畫，並擔任中央執行委員會常務委員，成立國民黨中央機關總部後，就接著被任命為中央組織部長，被拔擢為中央祕書處最高的三名成員中的一員。而在同一時期，毛澤東雖然也加入了國民黨，但此時他的職稱，不過是中央執行委員會候補十七人中的一員。**就毛澤東的職位來說，其擔任的最高職位，是一九二六年曾擔任國民政府主**

席的汪兆銘因為公務繁忙之故，辭去了兼任的宣傳部長職務，並指名毛澤東就任代理部長一職。

了解這段過去的**廣東派**，卻因為**南昌起義失敗的緣故，被迫讓出共產黨中央最高領導階層的寶座**，再也無法回到政治權力的舞臺上。

不過，經過這麼長的歲月，毛澤東依舊執拗的要消去停留在廣東派腦海中的過往記憶，為了將其徹底粉碎而施加制裁。

姿態：文革時代勞改，依舊堅持用公筷

在譚天度文革時代的回憶故事中，特別令人印象深刻的，就是在勞動改造所中度過的漫長歲月，每天使用「公筷」的故事。

譚天度使用筷子的技巧是很老練的。我父親在年輕的時候，曾和玩伴笑鬧著說：「去譚天度叔父家吃飯要注意喔，因為一定要用公筷，真是麻煩。」

從當時開始計算的話，這個習慣至少已經持續六十年以上了。

中國式的公筷，與日本式的不同。在日本，人們在大盤子上只放著一雙筷子，也只在分菜時使用；不過，在中國，每個人都會有兩雙筷子，都是供自己使用的。若是三個人吃飯就有六雙、五個人吃飯就有十雙筷子擺在桌上。然後大家圍著圓桌，用自己使用的公筷從大盤子裡夾菜，另一雙筷子則是用來把菜送進自己口中。

目前中國幾乎沒有使用公筷的習慣了，應該說這習慣只屬於特殊的族群。譚天度一直到文革時代，還一直持續著這種少見的習慣。

勞改時已超過七十歲的譚天度叔公，每次把石頭打碎以後，就裝在畚箕裡，用肩挑著在山路上爬上爬下，走過架在峽谷上的獨木橋，每天在綿延十公里的道路上運送。當我一想到他在這麼嚴酷的生活中，還一直使用公筷的情景，我只能啞然無言。

而且那是個連食物都不充足的時代。物資不足，大概都是以刀子切下樹枝當筷子用，用完就直接丟掉。頭一次聽到這件事的時候，我很驚訝我的叔公是這麼有潔癖、又不知變通的偏執者。不過，隨著時間過去，我逐漸認為也許是我想錯了。

在中國全境籠罩著惡夢的時代裡，或許為了堅持自己的信念，堅信自己的價值觀是正確的，所以需要某種心靈支撐，不管是多麼渺小的事都好。不管是多麼渺小的事物，只要用眼睛看見、雙手觸摸到，就可以透過回憶過去富足時代的習慣，藉此刺激、喚醒自己的價值觀，不斷確認自己應有的姿態，不是嗎？藉由這種方法，就可以徹底逃離精神失常的恐怖，持續保有正常的感覺。

為了在不尋常的時代生存下去，唯有使用公筷的習慣，才是他唯一依靠的「救命索」。這一定也是讓他回想起文明生活的、一絲希望的光芒。

人去了，但歷史不會就此埋葬

一九七七年，歷經了十年、如風暴一般的文化大革命時代終於過去了。二十年後的一九九七年，香港歸還中國。譚天度從廣東這塊土地，看見中國實現了將近橫跨一世紀的夢——香港回歸。

兩年後，也就是一九九九年的春天，一封署名中國人民政治協商會議廣東省委員會的信，寄到我紐約的家中。那是譚天度的訃告。

訃告

中國人民政治協商會議、廣東省第三、四期委員會副主席暨中國共產黨建黨初期的老黨員譚天度同志，因病治療無效，於一九九九年五月三十一日下午七時十分，病逝於廣州。

享壽一百零六歲。

譚天度同志的告別式，於一九九九年六月九日上午十時三十分，於廣州葬儀館舉行。

特此訃告。

譚天度同志葬儀辦公室

一九九九年六月二日

我反覆讀了好幾次訃告，一邊回憶與叔公最後見面時的事情。

叔公身上散發出一股與「元老」之名相應的悠閒沉穩氛圍，一邊回憶過去，同時以和緩的口吻對我說：

「我雖然上了年紀，過去沒做多少事，不過我很自豪對祖國有所貢獻。而比什麼都最重要的，就是現在的年輕人要比我們更加努力。正因為如此，才能看見中國有今天這樣的進步。世界不斷在進步，中國也在進步。仔細回想，十九世紀是英國的時代，二十世紀是美國的時代。那麼二十一世紀一定會是中國的時代。

「過去英國、法國、德國、義大利等，多數的歐洲國家都很自大。第二次世界大戰結束時，蘇聯把歐洲的先進技術、機械都帶回去，在國家的發展上發揮功效。不過，美國不同。美國這個國家就像白紙一樣，有什麼想畫的，都全部畫上去。吸收了歐洲各式各樣的人才，採納歐洲發展的框架，化為自己的東西。

「中國如今雖然推動改革開放政策，但若能好好學習世界各國的優點，確實執行的話，一定能創造很大的進步。

「重要的是培養人才。一個世代好好的教育下一個世代，要克服各個時代可能遭遇到的困難，最重要的就是要教導下一代努力與奮鬥的力量。

「我們的世代過去致力革命的時候，從沒想過會有今天這樣的未來到來。我真的很高興，年輕的一代可以創造出這樣豐碩的成果。我打從心底希望，從今以後，你們年輕世代也要繼承我們的意志，讓祖國更加提升。」

話一說完，叔公譚天度對我微微一笑，就把身子靠在沙發上，閉上雙眼。在他滿布皺紋的側臉，展露出沉穩的表情。這是我最後一次，親耳聽到譚天度的聲音。

這位在將近百年的革命時代中奮戰到最後的戰士，在留下了珍貴的口述歷史後，最終結束其漫長的人生。

附錄 被埋葬的中國共產黨史大事年表

一八八六年 譚平山出生於廣東省高明縣。

一八九三年 四月，譚天度出生。

一八九八年 英國租界九龍半島等新界地區九十九年，使香港成為英國殖民地。

一八九九年 北京爆發義和團事件，後與列強簽下《辛丑條約》。

譚天度父親譚景鎏以三十六歲壯年過世，此時譚天度只有七歲。

一九〇五年 清廷廢除科舉制度，譚天度從私塾進入小學就讀。

一九〇九年 作者父親譚錚出生於廣東省高明縣。

一九一一年 辛亥革命，孫中山成立中華民國臨時政府。

一九一四年 第一次世界大戰爆發。

一九一五年 五九國恥。

一九一八年 第一次世界大戰結束。

一九一九年 孫中山成立中國國民黨。

五四運動。

一九二〇年

三十三歲的譚平山、二十七歲的譚植棠與二十六歲的陳公博，一起從北京大學畢業，回到廣東；譚天度二十八歲，調任到私立坤維高等女中當老師。

八月，上海成立「共產主義小組」；九月成立「社會主義青年團」。

十月，《廣東群報》發行了創刊號。

十二月，陳獨秀應陳炯明之邀來到廣州。

一九二一年

中國共產黨成立，陳公博是第一屆全代會代表。

劉少奇等八名「社會主義青年團」團員，是被送到莫斯科東方大學就讀的第一屆學生。光是這一年，海內外就成立了八個「共產主義小組」。

一九二二年

第三國際在莫斯科舉辦極東民族大會。

陳公博前往美國哥倫比亞大學攻讀經濟學碩士。

一九二四年

國民黨在廣州舉辦第一次全國代表大會，孫中山提出「聯蘇容共」的主張，譚平山被選為國民黨中央執行委員的三位常務委員之一，後來當上國民黨的組織部長

黃埔軍官學校在第三國際的支持下創立，創辦人是孫中山，第一任校長是蔣介石

九月初，周恩來自法國返國。

一九二五年

陳公博自美歸國，加入國民黨，為汪兆銘工作。

三月，孫中山辭世；七月，汪兆銘根據孫中山遺囑成立武漢國民政府。

上海發動「五卅運動」，廣州也發動了「省港大罷工」。

一九二六年

第一次國共合作，作者的父親譚錚所參與的「社會主義青年團」，也跟著共產黨

一起加入國民黨。

三月，發生「中山艦事件」，蔣介石從此大權在握，並旋即展開北伐。

譚平山代表中國共產黨，參加莫斯科的共產國際執委第七次擴大會議。

一九二七年

作者父親譚錚，以十八歲之齡被任命為廣東的共產黨組織祕書。

三月，譚平山就任農民部長，實施「二五減租」。

一九二七年

四月十二日，國共合作破局，蔣介石發動清黨，拘捕與處決了許多共產黨員，遭殺害的學生與共黨支持者多達三十二萬人，作者父親譚錚逃到日本，譚植棠則是因為羅患肺結核逃過一劫。

八月一日，共產黨成立工農紅軍，自南昌起義，這是共產黨版的辛亥革命。

譚平山因為南昌起義失敗，被共產黨除名；譚天度與第二任妻子區夢覺結婚。

一九二八年

三月，譚平山在上海組織「中華革命黨」。

譚天度在香港參加「飛行集會」，服刑一年後被驅逐出香港。

一九二九年

陳獨秀被開除共產黨黨籍。

一九三一年

九月十八日爆發「柳條湖事件」（臺灣稱為九一八事變）。

一九三三年

國民黨對共產黨第五次包圍作戰。

一九三四年

十月，毛澤東結束「長征」（始於一九三〇年）。

一九三五年

一月十五日，毛澤東在貴州舉行「遵義會議」。

一九三六年

西安事變打破了國民黨與共產黨的僵局，開啟了第二次國共合作。

一九三七年	廖承志在香港設立了「八路軍駐香港辦事處」。
	七月，爆發盧溝橋事變，開啟中國對日的八年抗戰。
一九三八年	十月，日軍攻陷廣州。
	共產黨成立「東江縱隊」。
一九三九年	共產黨中央南方局成立，由周恩來擔任書記。
一九四一年	日軍攻陷香港，英國駐港軍隊投降。
	太平洋戰爭爆發，開啟第二次世界大戰。
一九四二年	譚平山祕密恢復共產黨黨籍。
一九四五年	第二次世界大戰結束，日本投降，周恩來與英國祕密進行「中英談判」。
	譚天度與第三任妻子陳新結婚。
一九四八年	譚平山在香港組織「國民革命委員會」，毛澤東邀請各民主黨派在哈爾濱召開政治協商會議。
一九四九年	六月，北京中南海召開「政治協商會議準備會」，民主黨派與無黨派代表共一百三十四人出席，譚平山就任中央常務委員；「政治協商會議」第一屆全體會議後來於九月召開，共六百六十二名代表參加。
	十月一日，中華人民共和國誕生。
一九五〇年	作者譚璐美出生於日本東京。
一九五六年	譚平山因心臟病過世，享壽七十歲。

一九六六年 文化大革命爆發，譚植棠被批鬥身亡，譚天度也被送去勞改。

一九七一年 中國加入聯合國。

一九七二年 美國總統尼克森訪中。

一九七八年 鄧小平提出改革開放政策。

一九八〇年 十月，作者與父親譚錚首度從日本歸國。

一九八四年 鄧小平提出「一國兩制」。

一九九七年 香港回歸中國。

一九九九年 譚天度以一百零六歲高齡辭世。

二〇〇一年 四月，作者父親譚錚以九十一歲高齡過世。

二〇一三年 共產黨成立九十二年，國民黨則自興中會以來成立了一百一十九年。

二〇一八年 三月，美國川普政府發動中美貿易戰。七月六日，正式對第一批中國輸美商品加徵二五%關稅，同日，中國也做出反制措施。

二〇一九年 三月，香港特別行政區政府公布《逃犯條例》修訂草案，六月九日爆發大規模社會運動，運動支持者以遊行示威、集會、靜坐、不合作運動、堵塞道路幹道等方式抗議，並提出撤回《逃犯條例》修訂草案、撤回「暴動」定性、實行真雙普選等五大訴求。

十月一日，中華人民共和國成立七十週年。

十月二十三日，香港政府撤回《逃犯條例》修訂草案。

十二月，中國開始爆發新冠肺炎（COVID-19）疫情。

二〇二〇年

六月三十日，通過《中華人民共和國香港特別行政區維護國家安全法》（簡稱《香港國安法》、《港區國安法》或《港版國安法》），該法在公眾尚未得悉條文內容的情況下，由全國人大常委會通過並刊憲生效，引發國際社會關注，促使美國宣布取消對香港特殊待遇地位的承認及通過《香港自治法》。

十二月四日，美國總統當選人喬．拜登宣布繼續保持對華關稅，將與盟友共同制衡中國。

二〇二一年

中國共產黨成立一百週年。

二〇二二年

十月，召開中國共產黨第二十次全國代表大會，習近平連任中國共產黨中央委員會總書記，開始第三個任期。習近平為改革開放後確立「兩屆任期」以來，中共歷史上首位打破傳統的主要領導人。

國家圖書館出版品預行編目（CIP）資料

被埋葬的中國共產黨史：國民黨不提起的那些事，如何改變了中（華民）國的命運？／譚璐美著；潘承瑤譯. -- 二版. -- 臺北市：大是文化有限公司，2023.01
272面；14.8×21 公分. --（TELL；049）
ISBN 978-626-7192-86-3（平裝）

1. CST：中國共產黨　2. CST：歷史

576.25　　111018821

TELL 049

被埋葬的中國共產黨史

國民黨不提起的那些事，如何改變了中（華民）國的命運？

作　　者／譚璐美
譯　　者／潘承瑤
審　　閱／周志宇
責任編輯／連珮祺
美術編輯／林彥君
副 主 編／馬祥芬
副總編輯／顏惠君
總 編 輯／吳依瑋
發 行 人／徐仲秋
會計助理／李秀娟
會　　計／許鳳雪
版權主任／劉宗德
版權經理／郝麗珍
行銷企劃／徐千晴
行銷業務／李秀蕙
業務專員／馬絮盈、留婉茹
業務經理／林裕安
總 經 理／陳絜吾

出 版 者／大是文化有限公司
臺北市 100 衡陽路 7 號 8 樓
編輯部電話：（02）23757911
購書相關諮詢請洽：（02）23757911 分機 122
24 小時讀者服務傳真：（02）23756999
讀者服務 E-mail：dscsms28@gmail.com
郵政劃撥帳號：19983366　戶名：大是文化有限公司

法律顧問／永然聯合法律事務所
香港發行／豐達出版發行有限公司 Rich Publishing & Distribution Ltd
地址：香港柴灣永泰道 70 號柴灣工業城第 2 期 1805 室
Unit 1805, Ph.2, Chai Wan Ind City, 70 Wing Tai Rd, Chai Wan, Hong Kong
電話：21726513　傳真：21724355
E-mail：cary@subseasy.com.hk

封面設計／高郁雯　內頁排版／王信中、Wendy、Winni
印　　刷／鴻霖印刷傳媒股份有限公司

出版日期／ 2023 年 1 月　二版
定　　價／新臺幣 380 元（缺頁或裝訂錯誤的書，請寄回更換）
I S B N ／ 978-626-7192-86-3
電子書 ISBN ／ 9786267192856（PDF）
9786267192849（EPUB）